MARCO POLO

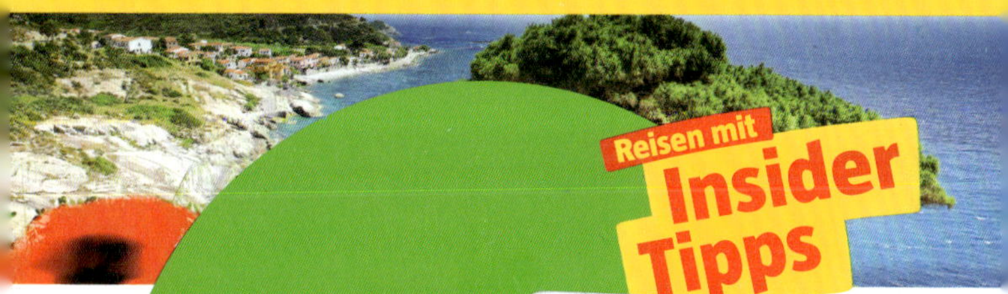

Reisen mit Insider Tipps

ELBA

TOSKANISCHER ARCHIPEL

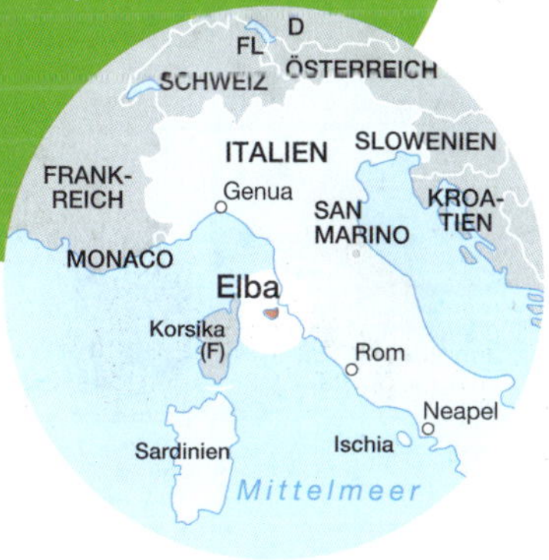

D
FL
SCHWEIZ
ÖSTERREICH
ITALIEN
SLOWENIEN
FRANK-
REICH
Genua
SAN
MARINO
KROA-
TIEN
MONACO
Elba
Korsika
(F)
Rom
Neapel
Sardinien
Ischia
Mittelmeer

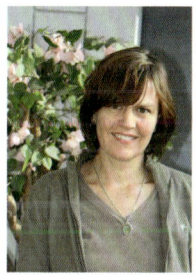

MARCO POLO Koautorin
Claudia Piuntek

„Elba, das ist der Duft nach Blumen und Meer“, sagt die Autorin und Tauchjournalistin, die ihre Insel vor gut 20 Jahren während eines Studienaufenthalts in Italien entdeckte. Seither kommt sie immer wieder, um Freunde zu sehen und für Reisemagazine von den Naturschönheiten über und unter Wasser zu berichten. Und spürt bei ihren Recherchen sogar Ecken auf, die selbst Elbaner nicht kennen.

www.marcopolo.de/elba

← UMSCHLAG VORN:
DIE WICHTIGSTEN HIGHLIGHTS

Die besten Insider-Tipps → S. 4

Best of ... → S. 6

Portoferraio → S. 32

Der Osten → S. 46

SYMBOLE

- INSIDER TIPP – Insider-Tipp
- ★ – Highlight
- ●●●● – Best of ...
- Schöne Aussicht
- Grün & fair: für ökologische oder faire Aspekte
- (*) kostenpflichtige Telefonnummer

PREISKATEGORIEN HOTELS

€€€	über 180 Euro
€€	120–180 Euro
€	unter 120 Euro

Die Preise gelten für ein Doppelzimmer mit Frühstück in der Hauptsaison

PREISKATEGORIEN RESTAURANTS

€€€	über 40 Euro
€€	20–40 Euro
€	unter 20 Euro

Die Preise gelten für ein Essen mit Vor-, Haupt- und Nachspeise ohne Getränke

INHALT

Der Westen → S. 60

Toskanischer Archipel → S. 76

Ausflüge & Touren → S. 86

Reiseatlas → S. 116

GUT ZU WISSEN
Geschichtstabelle → S. 12
Meerespark-Guides → S. 23
Spezialitäten → S. 26
Leuchttürme → S. 45
Schiffsunglück von Giglio
→ S. 80
Bücher & Filme → S. 90
Was kostet wie viel? → S. 109
Wetter in Portoferraio
→ S. 110

KARTEN IM BAND
(118 A1) Seitenzahlen und
Koordinaten verweisen auf
den Reiseatlas und die Über-
sichtskarte auf S. 126/127
(0) Ort/Adresse liegt außerhalb des Kartenausschnitts
Es sind auch die Objekte mit
Koordinaten versehen, die
nicht im Reiseatlas stehen
(U A1) Koordinaten für die
Karte von Portoferraio im
hinteren Umschlag

**UMSCHLAG HINTEN:
FALTKARTE ZUM
HERAUSNEHMEN →**

FALTKARTE ⬚
(⬚ A–B 2–3) verweist auf
die herausnehmbare Falt-
karte
(⬚ a–f 2–3) und (⬚ g–m
2–3) verweisen auf die Zu-
satzkarten auf der Faltkarte

Die besten MARCO POLO Insider-Tipps

Von allen Insider-Tipps finden Sie hier die 15 besten

INSIDER TIPP ▶ Natürliche Plantschbecken
Auf dem Weg von Seccheto nach Fetovaia sollten Sie oberhalb der Klippen Le Piscine in den mit Salzwasser gefüllten Schwimmbassins ein Bad nehmen → **S. 73**

INSIDER TIPP ▶ Die launigste Bar
Ab 8 Uhr morgens bis tief in die Nacht ist Il Baretto wegen des schönen Hafenblicks der Treff von Portoferraio → **S. 39**

INSIDER TIPP ▶ Elba aus der Vogelperspektive
Erobern Sie Elba im Flug – im Tandem mit dem Gleitschirmpiloten Giuseppe dürfen Sie die Berge und das Meer von oben betrachten → **S. 93**

INSIDER TIPP ▶ Waschhaus in den Bergen
Im urigen Lavatoio von Rio nell'Elba erfahren Sie, wie die Frauen früher die Kleidung der Bergleute gewaschen haben → **S. 58**

INSIDER TIPP ▶ Meeressäuger in Sicht
Gehen Sie auf Whalewatching-Tour – das Forschungszentrum für Meeressäuger organisiert Touren im Segel- oder Schlauchboot von Marciana Marina aus → **S. 66**

INSIDER TIPP ▶ Giglio für Individualisten
Hier stört Sie niemand: In Ruhe ausspannen können Sie im Hotel Pardini's Hermitage – das idyllisch gelegene Felsdomizil ist nur per Boot erreichbar → **S. 82**

INSIDER TIPP ▶ Souvenirs in der Flasche
Seit rund 200 Jahren produziert die Arrighi-Familie herrliche Inselweine und hochwertige Olivenöle. Kosten und kaufen können Sie die köstlichen Produkte in der Azienda Agricola Arrighi in Porto Azzurro → **S. 54**

INSIDER TIPP ▶ Das Naturhotel
Das ökologisch geführte Hotel Danila ist der ideale Ausgangspunkt für Trekking sowie Bootsfahrten und Schnorcheln am Scaglieri-Strand → **S. 75**

BEST OF ...

SPAREN

● *Wanderfestival*
Lernen Sie die Naturschönheiten des Archipels kennen, ohne einen Cent für den Guide zu bezahlen: Das jährliche *Festival del Camminare* bietet im Frühjahr und im Herbst kostenlose Themenführungen für die ganze Familie an → **S. 95**

● *Botanischer Garten*
Königsfarne und allerlei Wildkräuter wachsen im kunstvoll angelegten Garten des *Hotels Cernia* in Sant'Andrea. Die idyllisch am Meer gelegene Anlage beherbergt eine Kunstgalerie. Der Eintritt ist frei → **S. 68**

● *Mineralien-Museum*
Bei Giannini in Porto Azzurro gibt es nicht nur Mineralien und Edelsteine zu kaufen, sondern auch eine *Gratis-Mineralienschau*. Das kleine Museum mit Werkstatt befindet sich gleich hinter dem Geschäft → **S. 55**

● *Picknick in der Hirtenhütte*
Wandeln Sie auf den Spuren der Ziegenhirten, die früher Steinhütten als Unterschlupf nutzten. Heute sind *caprili* immer noch der ideale Ort, um in traumhafter Landschaft Rast zu machen. Packen Sie Brot und Käse ein, die Gratis-Rasthöfe sind auf den meisten Wanderkarten eingezeichnet → **S. 18**

● *Schwimmbad in den Felsen*
Neben dem *Strand von Sant' Andrea* (Foto) liegt ein durch Felsen geschütztes *Schwimmbecken*, das mit glasklarem Meerwasser gefüllt ist. Hier können Sie ohne Eintrittsgeld nach Herzenslust plantschen oder zum Nachbarstrand Cotoncello schlendern, wo das Meer ebenfalls natürliche Pools bildet → **S. 66**

● *Open-Air-Museum Italo Bolano*
Riesige Keramikwerke präsentiert der elbanische Künstler Italo Bolano in seinem 10 000 m² großen *Giardino dell'Arte.* Das Freilichtmuseum mit freiem Eintritt liegt im Tal von San Martino → **S. 44**

●●●● Diese Punkte zeichnen in den folgenden Kapiteln die Best-of-Hinweise aus

● Glitzersteine

Mehr als 150 Mineralienarten sind auf der steinreichen Insel Elba zu finden. Am meisten von allen glitzert der Pyrit (Foto), auch Katzengold genannt. Gehen Sie in Rio Marina selbst auf die Suche nach den schillernden Gesteinsbrocken. Oder studieren Sie sie bequem in der angeschlossenen Ausstellung → S. 56

● Maronenschmaus

Aus den Kastanienwäldern Elbas stammen die Rohstoffe für zahlreiche Spezialitäten der Insel, darunter ein Kastanienbier und Pasta aus Kastanienmehl. Ein wahrer Genuss ist der *castagnaccio,* eine Leckerei aus Maronen und Pinienkernen, die Sie im *La Porta* in Marciana Alta probieren können → S. 72

● Unterwasserschätze

Der Toskanische Archipel wartet mit einer reichen maritimen Flora und Fauna auf. Zwischen Gorgonien, Wracks und Grotten sind Zackenbarsche und Tintenfische zu Hause. Auch wer nicht selbst taucht, kann einen Blick darauf werfen: Gehen Sie an Bord der *Nautilus* und schauen Sie auf den Meeresgrund → S. 66, 98

● Bizarre Felsen

Wind und Wetter geben den *tafoni* ihre unvergleichliche Form. Die durchlöcherten Felsen gleichen Bienenwaben, können aber auch wie Steinskulpturen mit Elefantenkopf aussehen. Einen Eindruck von den bizarren Blöcken bekommen Sie in Cotone → S. 64

● Burgen mit Aussicht

Überall gibt es Festungen und Wachtürme. Sie zeugen von den vielen Überfällen durch Piraten, Normannen und Franzosen. Hoch über Elba thront das *Castello del Volterraio,* das nie eingenommen wurde. Von hier haben Sie einen atemberaubenden Blick bis nach Korsika → S. 59

● Purer Brotgenuss

Seit dem Salzkrieg im 16. Jh. wird Brot in der Toskana ohne Salz genossen. Heute sagen Elbaner, deren Küche für ihre Schlichtheit bekannt ist, ihr ungewürztes Brot sei der perfekte Begleiter für deftige Käse- und Salamiplatten. Traditionelles Backwerk bekommen Sie auf dem *Mercato della Terra* in Procchio → S. 25, 74

TYPISCH

BEST OF ...

REGEN

● *Im Aquarium*

Der ideale Ort, um trübes Wetter zu vergessen: Tauchen Sie in die faszinierenden Unterwasserwelten rund um Elba ein. In den Bassins lauern faszinierende Wesen wie Tintenfische auf Nahrung **→ S. 68**

● *Auf Minentour*

In *Porto Azzurros Minenmuseum* fährt ein kleiner *Zug* die Besucher durch die unterirdische Ausstellung. Sie erfahren, wie früher im Bergwerk gearbeitet wurde, sehen in der Werkstatt, wie Mineralien und Edelsteine bearbeitet werden **→ S. 56**

● *Napoleons Landsitz*

In der Sommerresidenz *San Martino* sehen Sie, wie Napoleon auf Elba gelebt hat. Seine privaten Wohnräume sind spärlich möbliert. Pompöser ausgestattete Teile wie die Säulenhalle kamen erst nach dem Tod des Kaisers dazu **→ S. 44**

● *Kunst im Konvent*

Die *Caserma de Laugier,* früher ein Kloster, ist heute eine bedeutende Gemäldegalerie, in der auch Zeichnungen, Skulpturen und historische Möbel ausgestellt sind **→ S. 33**

● *Kochen mit Kräutern*

Elbas Kräuterküche liegt in Marina di Campo: Bei *Alchemilla* gibt's Kräuter und Gewürze aus aller Welt. Lassen Sie sich beim Stöbern zu neuen Rezepten inspirieren oder besuchen Sie einen Kochkursus **→ S. 69**

● *Bretter, die Elba bedeuten*

Das *Teatro dei Vigilanti* (Foto) in Portoferraio mit seinen 400 Plätzen lohnt auch ohne Vorstellung einen Besuch. Die Ehrenlogen und der Originalvorhang stammen aus der Napoleon-Zeit. Der Kaiser hatte die ehemalige Kirche für seine Schwester umbauen lassen, die gerne ins Theater ging **→ S. 37**

ENTSPANNT ZURÜCKLEHNEN
Durchatmen, genießen und verwöhnen lassen

● *In Klausur gehen*
Wallfahrtskirchen sind optimale Rückzugsorte für gestresste Urlauber. Nach *Madonna del Monte* zog es schon Napoleon. Elbas älteste Pilgerkirche liegt idyllisch auf 627 m Höhe inmitten eines kleinen Kastanienwalds → S. 71

● *Schlammpackung*
Das *Thermalbad von San Giovanni* ist eine einzige Wohlfühlzone: Besucher werden mit Thalassotherapien, Entspannungsmassagen und Schlammpackungen aus der Lagune von Kopf bis Fuß verwöhnt → S. 45

● *Schattenplatz unter Palmen*
In einen botanischen Garten gebettet ist die *Residenz Cala dei Peducelli* in Capoliveri. Von den entspannenden Schattenplätzen unter Palmen lauschen Sie dem Rauschen des Meers. Die hübsche Anlage hat einen eigenen Pool und verfügt über einen Privatstrand → S. 49

● *Lieblingsplatz der Insulaner*
Nirgendwo anders treffen Meer und Berge so eindrucksvoll aufeinander: Elbaner bezeichnen das Kap Sant'Andrea als „kleine Insel auf der Insel". Eine Oase der Ruhe und der ideale Platz, um mit Blick auf Granitfelsen, bunte Zistrosen und das türkisblaue Meer zu relaxen, ist das lauschige Naturhotel *Ilio* → S. 68

● *Inselhopping vom Feinsten*
Machen Sie einen Tagesausflug auf die im Meeresschutzgebiet gelegene Insel *Pianosa* (Foto). Mit etwas Glück bekommen Sie auf der Fahrt Delfine zu sehen. Ganz sicher finden Sie rund um die flache Insel einsame Badebuchten, umspült von glasklarem Wasser → S. 85

● *Sonnenuntergang genießen*
Finden Sie sich am frühen Abend in der malerischen *Bucht von Scaglieri* ein. Wenn Sie sehen wollen, wie die rote Sonne bei Elba im Meer versinkt. Einfach auf den Klippen oder am Sandstrand Platz nehmen, zurücklehnen und genießen! → S. 75

AUFTAKT

ENTDECKEN SIE ELBA!

Auf diesem Fleckchen Erde kann man Ferien machen! Vor den Boutiquen im quirligen Hafen von Portoferraio flattern Strandtücher und bunte Kleidchen, die Rufe der Eisverkäufer und der Duft ofenfrischer Pizza betören die Sinne. Gleich nebenan beginnen schon Elbas schöne Sand- und Kieselstrände, die in ein glasklares Meer abfallen. In den Buchten schaukeln kleine Boote und große Yachten, während im Inselinneren Felsen und duftende, von Wanderpfaden durchzogene Macchia das Landschaftsbild bestimmen. Ob im elegantesten Hotel oder in der einfachsten Unterkunft – überall werden Sie auf Elba gerne aufgenommen und köstlich bewirtet!

Der Toskanische Archipel – die sieben dem toskanischen Festland vorgelagerten Inseln und das sie umgebende Meer – ist nicht nur das größte Naturschutzgebiet Europas, sondern gehört laut International Union Conservation of Nature auch zu den bedeutendsten Naturwundern der Welt. Die größte Insel des Archipels ist Elba. Hier finden Sie alles, was Sie für einen schönen, stressfreien und erlebnisreichen Urlaub brauchen: tiefblaue See, reiche Unterwasserflora und -fauna zum Tauchen, große

Bild: Bucht von Fetovaia

Ob mit kleinen Jollen oder riesigen Yachten – Segeln wird auf Elba großgeschrieben

und kleine Sand- und Kieselbuchten zum Baden und Sonnen. Die Küche Elbas ist so hervorragend wie der regionale Wein. Zudem sind die Elbaner sehr gastfreundlich – in den Touristenorten sprechen und verstehen viele sogar Deutsch. Was wollen Sie mehr?

Schon bald nachdem die Fähre vom Kai in Piombino abgelegt hat, können Sie die Insel entdecken. Elba ist nämlich an dieser Stelle nur 10 km vom Festland entfernt. Ehe Sie den Hafen von Portoferraio erreichen, gleitet das Schiff an den schroffen, steil ins Meer abfallenden Klippen am nordöstlichen Punkt der Insel entlang. Kein Strand, kein Sand weit und breit, vereinzelte Häuser hier und da – aber seien Sie nicht enttäuscht! Der Anblick ändert sich schlagartig, dreht die Fähre bei und läuft in die Bucht von Portoferraio ein. Ein fröhliches Bild bietet sich Ihnen nun: Die ockergelben Häuser der Inselhauptstadt schrauben sich vom Rund des Hafens in die Höhe. Entlang der Hafenpromenade locken Cafés, Bars und Strandboutiquen. Und am ehemaligen Anleger Molo Mediceo schaukeln Segelyachten aller Größen.

Ab 800 v. Chr.
Etrusker besetzen die Insel und nennen sie *Ilva* (Eisen)

Ab 400 v. Chr.
Griechen gründen die erste Siedlung: *Argoos*

396 v. Chr.
Römer besiegen die Etrusker, vertreiben die Griechen

575 n. Chr.
Langobarden landen auf Elba

Ab 774
Die Sarazenen übernehmen mit Unterbrechungen die Herrschaft

1291
Pisa kämpft mit Genua um Elba und zahlt schließlich eine Ablösesumme

Zwischen Juni und September spucken die Fährschiffe fast stündlich neue Gäste aus. Jedes Jahr werden auf dem Archipel rund 8 Mio. Übernachtungen gezählt, knapp ein Drittel von Nichtitalienern. Mit etwa 1 Mio. Übernachtungen reist die größte ausländische Urlaubergruppe aus Deutschland an. Obwohl zu den Gästen noch über 32 000 Elbaner hinzukommen, gibt es auf dem nur 223 km² großen Eiland selbst in der Hauptreisezeit Ecken, in denen Sie keine Menschenseele treffen.

Die Insel hat einen Küstenumfang von gut 150 km. Die großen Badebuchten liegen im Norden gegenüber dem Hafen im Golf von Portoferraio, bei Viticcio, Biodola, Procchio und Marciana Marina, im Süden rund um Marina di Campo, Lacona und am Golfo Stella sowie im Osten zwischen Porto Azzurro, Rio Marina und Cavo. Etliche kleine und kleinste Sand- oder Kieselstrände an anderen Orten sind oft unter Mühen vom Land oder manchmal auch nur mit dem Boot vom Wasser aus zu erreichen. Doch generell ist das Straßennetz der Insel gut, wenn auch alle Straßen eng, kur-

> **Im Sommer spucken die Fähren fast stündlich neue Gäste aus**

venreich und oft sehr steil sind! Die Orte fernab der Strände wurden noch nicht so sehr vom Tourismus vereinnahmt und haben meist ihren ursprünglichen Charakter bewahrt.

Das mächtige Granitmassiv des Monte Capanne, der selbst im Sommer oft sein Haupt in Wolken hüllt, dominiert den Westteil der Insel. Schon in römischer Zeit wurde hier in Steinbrüchen Granit gebrochen, so sind die Säulen im Pantheon von Rom aus Elba-

1548 Die Insel wird den Medici in Florenz zugesprochen, die Portoferraio gründen

1603 Die Spanier setzen sich im heutigen Porto Azzurro fest

1759 Die Spanier verlieren Elba an das Königreich Neapel

1802 Die Insel geht ungeteilt an Frankreich

1814 Verbannung Napoleons I. nach Elba

1859 Elba und die Schwesterninseln werden Gefängnisinseln des Königreichs Italien

Eine Fundgrube für Sammler von Steinen und Mineralien

ner Granit. Die Insel ist eine Fundgrube für Sammler von Steinen und Mineralien. Zwar ist Eisenerz der häufigste, aber bei weitem nicht der einzige Bodenschatz. Gerade bei den Eisenerzlagern im Osten Elbas, die im Tagbau bearbeitet wurden, finden sich Mineralien und Gesteine, die das Herz jedes Geologen höher schlagen lassen. Aufgrund seines Mineralienreichtums ist Elba bei Forschern in aller Welt berühmt. Auch Hobbygeologen kommen auf ihre Kosten: Zwischen Porto Azzurro und Rio Marina gibt es beträchtliche Pyrit-Vorkommen, auf der Calamita-Halbinsel erhebt sich der Magnetberg über der Südostküste – hier kamen schon häufiger Schiffe vom Kurs ab, weil das schwarze Magnetit die Kompassnadel verrückt spielen ließ.

Im Lauf der Jahrtausende entstanden durch den Einfluss von Wind und Wetter überall Felsenburgen und Riesenhohlblöcke. Die natürliche Erosion ist auch verantwortlich für die Bergtäler, die meist in einer kleinen Sandbucht auslaufen. Ansonsten aber fällt das Gebirgsmassiv steil ins Meer. Die Kliffe haben eine Höhe von bis zu 120 m. An den Hängen hinter Pomonte und Chiessi wächst Wein, sonst regiert die Macchia, durchsetzt von ausgedehnten Kastanienwäldern an der Nordseite des Bergs. Besonders im Frühling – neben dem Herbst eigentlich die ideale Zeit für einen Urlaub auf Elba – entfaltet sich auf der ganzen Insel die Natur in ihren schönsten Farben.

Sind Sie Musikliebhaber? Dann sollten Sie die Insel am besten im September besuchen, wenn sich Elba in die „Musikalische Insel Europas" verwandelt: *Elba – Isola Musicale d'Europa*. In Kirchen, auf Plätzen und im hübschen Teatro dei Vigilanti in Portoferraio finden dann Konzerte internationaler Solisten und Orchester statt. Die Darbietungen von Jazz- und Rockgruppen, Tanz-, Ballett- und Theaterensembles können Sie während des ganzen Sommers an verschiedenen Spielstätten genießen. Sie werden von der Vielfalt und Qualität des Angebots überrascht sein!

Überraschungen können Sie auch erleben, wenn Sie sich mit der Geschichte der Insel befassen. Schon um 800 v. Chr. hatten die Etrusker das Eiland wegen seines Eisenerzes als Waffenschmiede entdeckt. Vandalen und Ostgoten kamen ab dem 5. Jh., dann machten die Sarazenen den inzwischen eingetroffenen Römern zu schaffen. Christliche Einsiedler suchten in der unwegsamen Landschaft Schutz vor römischer Verfolgung.

Ab 1910 Wirtschaftliche Bedeutung erlangt die Erzerarbeitung in Portoferraio

Ab 1950 Der Fremdenverkehr setzt ein

1996 Einrichtung des Parco Nazionale dell'Arcipelago Toscano

2005 Der Goldschatz des im Jahr 1841 gesunkenen Passagierdampfers Polluce wird gehoben

2012 Vor der Insel Giglio sinkt die *Costa Concordia* mit 4229 Menschen an Bord und reißt 32 in den Tod

Sant'Ilario in Campo: Aus jedem Topf, an jeder Mauer sprießen Blumen

In den darauf folgenden Jahrhunderten beherrschte die Republik Pisa die Insel, doch immer wieder fielen Sarazenen ein. Viele Ortschaften wurden verwüstet, die Männer niedergemetzelt, Frauen und Kinder verschleppt. Dann kamen die Medici vom toskanischen Festland und verstärkten die Festungsanlagen. Ihnen folgten die Spanier, die Habsburger, die Franzosen – und schließlich Napoleon. Dreihundert Tage verbrachte er hier im Exil, pendelnd zwischen seiner Stadtresidenz hoch über Portoferraio und seinem Sommersitz im kühlen Tal von San Martino. Durch ihn wurde die kleine Insel plötzlich weltweit berühmt. Bis heute ist sein kurzer Aufenthalt ein Segen für die Elbaner. Man begegnet ihm überall. Sein Konterfei dominiert die Andenkenläden, Sie können seine Häuser und Gärten bewundern, seine Totenmaske betrachten und gar an einer alljährlichen Totenmesse teilnehmen. Und wie heißt das Mineralwasser, das Ihnen hier überall angeboten wird? Natürlich *Fonte Napoleone!* Es fließt aus seiner Lieblingsquelle.

Napoleons Aufenthalt ist bis heute ein Segen für die Elbaner

Zwischen Ost und West, Nord und Süd lädt die Insel zur historischen Spurensuche ein. Napoleons Schicksal ist für die meisten Gäste ein willkommenes Beiwerk, das unbeschwertes Strandleben und Freizeitspaß auf der vielseitigen Insel hervorragend ergänzt. Und das gilt nicht für Elba allein, auch die Nachbarinseln sind Paradiese für Wassersportler und Trekkingfans. Giglio, Capraia oder Montecristo bieten Urlaubern neben atemberaubenden Segel- und Tauchrevieren, gut ausgebaute Wanderwegen in unberührten Landschaften sowie natürlich jede Menge italienischen Lifestyle.

IM TREND

1 Unterwasserwelt

Tauchen Seegraswiesen, Gorgonienkorallen und Felsküsten – immer mehr Taucher entdecken die Unterwasserwelt vor Elba für sich. Mit einer besonderen Erlaubnis können auch die Gewässer um Pianosa erkundet werden. Bei der Exkursion stehen Ihnen die Profis des *Mandel Diving Center* in Capoliveri *(Loc. Morcone, www.diving.mandelclub. com, Foto)* oder *Unica Diving (www.unica-diving.com)*, deren Büro auf einem Schiff liegt, zur Seite.

2 Essen & Feiern

Abends Machen Sie es sich ruhig bequem. In den angesagten Locations wie dem *Garden Beach (Marina di Campo)* können Sie zuerst entspannt Abendessen, um dann Livemusik und Cocktails zu genießen. Statt Sushi steht Ihnen der Sinn nach Hausmannskost? Dann nichts wie hin zum *Il Rifrullo (Via G. Caccio 35, Portoferraio)*. Dort gibt es erst deftig belegte Schiaccina und dann ebenso deftige Livemusik lokaler Bands. Im gut besuchten *Tinello (Via per Portoferraio, Campo nell'Elba)* geht es ausgelassen zu, es wird getanzt und gefeiert – und die Pizzen schmecken hier ebenfalls.

3 Grüne Insel

Ökotourismus Immer mehr Hotels setzen auf naturverträglichen Tourismus. So wie das *Le Acacie (Spiaggia di Neregno, Capoliveri)*, das mit Elektroautos und Energie- und Wassersparmaßnahmen Zeichen setzt. Vorbilder sind auch das *Montemerlo (Loc. Fetovaia, Campo nell'Elba)* mit seinen Solaranlagen und dem Biofrühstück und das *Barracuda (Viale Elba 46, Marina di Campo)*, das seinen Gästen Fahrräder zur Verfügung stellt und Bustickets verkauft. Noch mehr Ökohotels finden Sie unter *www.elbaecohotels.it*.

Im Weinberg

Abgestimmt Über Jahrtausende haben die Inselbewohner nicht nur den Weinanbau perfektioniert, sie haben auch perfektioniert, wie sie den Rebensaft servieren. Immer mehr Weingüter verkaufen ihre Erzeugnisse nicht mehr nur an Lokale, sie schenken die guten Tropfen auch selbst aus – und kredenzen dazu das passende Menü. Im Restaurant der *Tenuta della Ripalte (Loc. Ripalte, Capoliveri)* tafeln Sie entweder in einem alten Gewölbe oder aber in einem Piniengarten mit Blick auf die Villa. Dazu schmecken typisch toskanische Gerichte und natürlich die hauseigenen Weine. Auch in der Cantina der *Azienda la Sughere (Loc. Monte Fico, Rio Marina)* ergänzen sich Speis und Trank aufs Beste. Wein schmeckt Ihnen nicht? Auf der Insel wird auch hervorragendes Bier gebraut: *Le Coti Nere (Loc. Ponte Vecchio, Marciana, Foto).*

Ein guter Fang

Pescaturismo Bei Sonnenaufgang in See stechen, immer den weiten Horizont vor Augen und dann mit vollen Netzen zurück an Land, wo Frau und Kind schon sehnsüchtig warten. Ob der Fischerberuf dem romantischen Bild gerecht wird, können Sie auf Elba eigenhändig überprüfen. Mehr und mehr Profis nehmen Neugierige auf ihren Booten mit, sodass sie den harten Alltag hautnah erleben können. Wer zum Frühaufstehen bereit ist und nicht seekrank wird, wendet sich an *La Rosa dei Venti (www.elbaittiturismo.com)* oder *Le Barche in Cielo (www.ittiturismoelba.com).* Auch *Pescaturismo Toscana (www.pescaturismotoscana.it)* hilft bei der Wahl des Anbieters weiter und informiert unter anderem über einen typischen Fang.

STICHWORTE

CAPRILI

Wer durch das Gebirgsmassiv des Monte Capanne im Westteil der Insel wandert, stößt immer mal wieder auf sogenannte ● *caprili,* Hirtenhütten aus groben Steinen, die in ihrer Form an die Iglus der Eskimos erinnern. Der Name leitet sich von *capra,* dem italienischen Wort für Ziege, ab. Denn Ziegenhirten waren es, die die Caprili im ausgehenden 19. Jh. errichteten. Sie setzten Granitsteine so geschickt aufeinander, dass sie weder Mörtel noch Zement brauchten. Die Bauweise sorgt dafür, dass Regenwasser nach außen ablaufen und der Rauch eines Feuers zwischen den Steinen entweichen kann. Eigentlich dienten die Caprili den Hirten nur als Schutz vor plötzlich heraufziehenden Unwettern, doch dann nutzten sie sie auch zur Zubereitung von Käse aus der frisch gewonnenen Ziegenmilch.

Heute haben die Steinhütten ihre Bedeutung verloren. Trotzdem finden Sie immer noch völlig intakte Caprili und können sie zu einer kurzen Rast nutzen. Sie stehen in der Nähe der kleineren Ortschaften Le Macinelle, Pietra Murata, Masso alla Quata, Colle della Grottaccia, I Campitini, Le Mura oder Monte Cenno, wobei einige der Hütten meist nur mit einer ausschließlich vor Ort erhältlichen, sehr genauen Wanderkarte aufzufinden sind.

ETRUSKER

Sie waren quasi die ersten Besetzer Elbas: die Etrusker. Während die auf

Natur pur ist auf Elba kein leeres Versprechen. Von „versteinert" bis „versunken" begegnen Ihnen auf der Insel fast überall Naturschätze

der Insel beheimateten prähistorischen Völker noch von Ackerbau und Viehzucht lebten, hatten es die Etrusker auf etwas ganz anderes abgesehen. Als sie zwischen 1000 und 800 v. Chr. immer größere Teile des heutigen Mittelitaliens beherrschten und dem Land zu einer ersten städtischen Hochkultur verhalfen, setzten sie auch nach Elba über, um dort an der Ostküste zwischen Rio Marina und der Halbinsel Calamita Eisenerz im Tagebau zu gewinnen. Fortan machten die Etrusker machten Elba zu ihrer Waf-

fenschmiede. Elbas Eisenerz verfügte immerhin über einen Anteil von gut 60 Prozent Eisen. Überall sah man *forni etruschi*, die etruskischen Öfen. Heute erinnert daran noch eine Schmelzofenanlage bei dem Weingut *La Chiusa* in der Nähe von Magazzini. Man sieht dort naturgetreue Nachbildungen etruskischer Schmelzöfen mit den charakteristischen Blasebälgen, die von einem hydraulisch angetriebenen Rad bewegt wurden. Für interessierte Gruppen werden auf Anfrage Führungen gemacht.

MINERALIEN

Mehr als 150 verschiedene Arten von Mineralien wurden auf der Insel registriert. Der im Westen gelegene magmatische Körper bildet den Ursprung des Granitmassivs Monte Capanne, dessen prächtige Kristallisierungen der Turmali-

Nur neun Monate auf Elba und doch prägend: Napoleon (Totenmaske)

ne, Aquamarine und Quarze heute nicht nur in den elbanischen, sondern auch in den großen mineralischen Museen der Welt ausgestellt sind. Das im Osten vorhandene Magma ist beinahe vollkommen überschwemmt und hat zur Bildung von Eisenmineralien wie Hämatit, Pyrit, Magnetit und Ilvatit beigetragen.

NAPOLEON

Nachdem Napoleon am 6. April 1814 den Vertrag von Fontainebleau und damit seine Abdankung als Kaiser von Frankreich und Italien unterzeichnet hatte, wurde ihm die Insel Elba als „Ort des Aufenthalts für sein weiteres Leben" und „eigenes Fürstentum" zugewiesen.

Napoleon traf am 3. Mai 1814 in Portoferraio ein. Schon die Botschaft, die er am Morgen vor seiner Ankunft durch General Dalesme, den Kommandanten der Stadt, hatte überbringen lassen, war von der Bevölkerung bejubelt worden: „Habt die Güte, den Einwohnern mitzuteilen, dass die Wahl für meinen Aufenthalt aufgrund der Sanftheit ihrer Sitten und der Milde ihres Klimas auf die Insel gefallen ist. Sagt ihnen, dass sie der Gegenstand meines größten Interesses sein werden." Bis zu einem gewissen Grad hat Napoleon wohl sein Wort gehalten, wenn auch seine Bedeutung für Elba heute aus touristischen Gründen verklärt wird. Er ließ Straßen und Alleen anlegen, förderte den Weinbau, den Thunfischfang, das Gesundheitswesen und führte die Müllabfuhr ein. Nicht ganz uneigennützig kümmerte er sich um Steuern und Zölle, denn der Lebenswandel, der Unterhalt der Palazzina Napoleonica in Portoferraio und der Sommerresidenz Villa Napoleonica in San Martino kosteten eine Menge Geld.

Mit viel Geschick und der Unterstützung seiner Mutter und der Lieblingsschwester Paolina Borghese führte der damals 45-jährige Napoleon ein Gesellschaftsleben, das ihm den Ruf eines „Operettenkaisers" einbrachte, ihm aber auch immer wieder ermöglichte, heimliche Gesandte und Agenten aus dem alten Kaiserreich unter dem Deckmantel rauschender Feste zu empfangen. Auf diese Art bestens informiert, konnte Napoleon nach nur 300 Tagen seine Rückkehr nach Frankreich einleiten – mit dem bekannten Ergebnis: 100-tägige Herrschaft, Waterloo und die endgültige Verbannung auf die viel einsamere Insel St. Helena. Von den Elbanern hatte er sich mit einer Botschaft verabschiedet, die genauso freundlich klingt wie sein Dekret bei der Ankunft: „Elbaner, ich hinterlasse Euch

Frieden. Ich hinterlasse Euch Wohlstand. Ich hinterlasse Euch eine saubere, schöne Stadt. Ich hinterlasse Euch meine Straßen und Bäume, für die Eure Kinder mir danken werden."

Ein vorläufig letzter Tribut an Napoleon ist der Film „N", der 2006 nach dem gleichnamigen Roman des Strega-Preisträgers Ernesto Ferrero unter der Regie von Paolo Virzi auf Elba gedreht wurde.

PFLANZENVIELFALT

Neben lichten Kastanienwäldern ist das charakteristische Kennzeichen der Insel die Macchia, ein immergrüner Buschwald, der weite Teile der Insel überzieht. Die Macchia entwickelt jenen charakteristischen Duft, der besonders nach einem heißen Tag an ätherische Gesundheitsöle erinnert. Und die Pflanzen, die sich um die Zistrose scharen, entfalten ihre Blüten. Der Frühling kommt bereits Ende Januar mit der Mandelblüte, setzt sich im Februar und März mit der Mimosenblüte und der Pfirsichblüte fort und gipfelt im April im Aufbrechen aller Blüten in den schönsten Farben. Am Rand der Macchia wachsen dann die für Elbas Küche typischen Gewürze: Beifuß, Fenchel, Melisse, Minze, Oregano, Rosmarin, Salbei und Thymian.

SALZ

Im 17./18. Jh. hatte Elba bei San Giovanni eine der produktivsten Salinenanlagen ganz Italiens. In drei riesigen Becken wurde aus Meerwasser Salz gewonnen. Das gewonnene Salz musste 40 bis 50 Tage in der Sonne trocknen, bevor es durch die Bucht von Portoferraio in das Salzmagazin der Stadt gebracht wurde. Anfang des 19. Jhs. wurden die Salinen unrentabel. Die Elbaner in dieser Gegend setzten lieber auf die prosperierende Eisenhüttenindustrie. Die Eisenerzrückstände lagerten sie in den alten Sa-

linen ab. Salzrückstände und Mineralien gingen eine chemische Verbindung ein, die den Algenwuchs förderte. Im Lauf der Jahrzehnte entstand so ein besonderer Meeresschlamm mit Heilwirkung, der seit den 1950er-Jahren in den Thermen von San Giovanni eingesetzt wird.

SLOW FOOD

Als Carlo Eugeni Ende der 80er-Jahre des vorigen Jahrhunderts von ei-

Die blühende Macchia beschert Elba zarte Farben und würzige Gerüche

ner Organisation erfuhr, die dem Trend zum globalisierten Fast Food den Kampf ansagte, unterschrieb er sofort den Mitgliedsantrag. Der gebürtige Elbaner lebte damals im Ausland und vermisste die gute Regionalküche seiner Heimat. Im Ruhestand kehrte Eugeni auf seine Insel zurück und 2002 rief er *Slow Food Elba* ins Leben.

Seither hat sich einiges getan in puncto genussvolles, bewusstes und regionales Essen. Es gibt mehrere Restaurants, in

tion sinnlicher Genüsse aus heimischen Produkten.

TIERE ZU LAND UND ZU WASSER

In Elbas Kastanienwäldern sind wieder Wildschweine angesiedelt worden. Auch in der Macchia machen sie sich breit. Dort leben hauptsächlich Marder, Igel und Wildschafe. Letztere sind geschützt, obwohl sie sich beträchtlich vermehren. Zudem finden sich Schlangen, die aber

Auch das Kap Sant'Andrea steht als Teil des Nationalparks Toskanischer Archipel unter Schutz

denen nach den Grundsätzen des Slow Food traditionelle Gerichte frisch auf den Tisch kommen.

Hochwertige Produkte ohne Chemie werden auf dem jeden Samstagvormittag in Procchio stattfindenden Wochenmarkt *Mercato della Terra e del Mare* angeboten. Hier sind das ganze Jahr über frisches Gemüse, Obst, Fisch, Öl, Wein und Honig von Elba erhältlich. Regionale Köstlichkeiten in stilvollem Ambiente bekommen Besucher in den Festungsmauern von Portoferraio. Das Weinlokal *Enoteca della Fortezza* steht in der Tradi-

zu über 90 Prozent ungiftige Nattern sind. Unter den Insekten, die ihre Streifzüge auch von der Macchia aus unternehmen, gibt es Heuschrecken, Grillen, Zikaden und selbstverständlich Bienen. Die in anderen Mittelmeerregionen von Reisenden gefürchteten Stechmücken tauchen nur vereinzelt auf.

Im Meer rund um Elba finden Sie die typische, überaus reichhaltige Mittelmeerfauna. Austern, Krabben, Langusten und Muscheln lagern auf den Felsen und winzigen Korallenbänken; Gold- und Zahnbrassen, Thunfische und Seebarben schwimmen durch sie hindurch. Nicht zuletzt sind sie auch Beute für die Silbermöwen und Reiher, die besonders entlang der Steilküste im Westen der Insel nisten.

UMWELTSCHUTZ

Die Schönheit der Insel Elba zu bewahren ist das erklärte Ziel des Projekts *Elbambiente,* das sich seit Mitte der 1990er-Jahre für den Umweltschutz stark macht. 1993 hatte die italienische Umweltschutzorganisation Legambiente zwölf Stränden Elbas eine schlechte Wasserqualität bescheinigt. Daraufhin einigten engagierte Hoteliers sich auf einen Zehn-Punkte-Katalog, um den umweltverträglichen Tourismus zu fördern: Er umfasst den Einsatz von Energiesparlampen und die Drosselung des Wasserverbrauchs in den Hotels, setzt aber auch auf nachhaltige Angebote für Wander- und Fahrradtouristen, die mit Informationen für Ausflüge in der Natur versorgt werden. Seit 1996 stehen fast 18 ha Land und mehr als 61 ha Meeresfläche im Nationalpark Toskanischer Archipel unter Schutz – es handelt sich um das größte Meeresschutzgebiet Europas. Auf den Trend zum grünen Reisen setzen Anbieter von Ökotouren und der Zusammenschluss von 23 Biohotels *(www.elbaecohotels.it),* die es inzwischen auf der Insel gibt. Die reiche Pflanzen- und Tierwelt zu Land und zu Wasser lernen Touristen am besten auf organisierten Exkursionen mit Naturführern kennen.

WIND

Über Elba wehen eine ganze Menge Winde. Oft wechseln sie innerhalb kürzester Zeit. Manchmal scheinen sie sich an der höchsten Erhebung, dem Monte Capanne, richtiggehend festzuhaken. Im Sommer sorgen sie auch bei hohen Temperaturen für angenehme Kühlung. Diese subjektiv empfundene Erfrischung ändert aber nichts an der starken Sonneneinstrahlung – deshalb Vorsicht vor Sonnenbrand! Im Winter können sich die Winde im Gebiet des toskanischen Archipels zu gewaltigen Stürmen auswachsen, die manchmal sogar die Fährschifffahrt lahm legen.

Rund um die Insel unterscheidet man den *grecale* (kommt trocken von Nordost), den *levante* (ebenso trocken von Ost), den *maestrale* (kalt und mächtig von Nordwest), den *mezzogiorno* (warm von Süd), den *ponente* (bringt gutes Wetter von West), den *scirocco* (kommt feucht und heiß von Südost aus den Wüsten Nordafrikas) und den *tramontana* (weht trocken und kalt von Nord, verheißt aber für die nächsten Tage gutes Wetter).

MEERESPARK-GUIDES

Für den größten Meerespark Europas, den *Parco Nazionale dell'Arcipelago Toscano,* sind mehr als 40 hochqualifizierte Parkguides zuständig, die teilweise deutschsprachige Führungen anbieten. Wenn Sie sich für die Besonderheiten des Nationalparks – ob für Flora, Fauna, Geschichte und Legenden – interessieren, können Sie sich auf individuellen Touren von ihnen führen lassen. Kontakt und Infos über den Hauptinformationspunkt des Parks *(Sommer Mo–Sa 9–19, So 10–13, 15–18, Okt.–Mai Mo–Do 8–13, 14–17, Fr 8–13 Uhr | Viale Elba 4 | Tel. 05 65 91 46 71 | www.isoleditoscana.it)* in Portoferraio

ESSEN & TRINKEN

Auf einer von fischreichen Gewässern umgebenen Insel denkt man beim Thema Essen natürlich zuerst an Fischgerichte. Wie alle Meere ist aber auch das Mittelmeer seit Jahren überfischt, und Frischfisch auf der Speisekarte wird immer seltener – und immer teurer.

Noch liegen die Köstlichkeiten aus der Tiefe – Seebarsch und Seehecht, Thunfisch und Schwertfisch, Garnelen, Langusten und Muscheln – frisch und appetitanregend in den Kühltruhen der Restaurants zur Auswahl. Noch duftet es am Abend entlang der Strandpromenaden und in den Gassen verlockend nach *fritto misto,* den frisch frittierten Fischchen, aber immer öfter finden Sie auf der Speisekarte vor den Gerichten ein kleines Sternchen als Zeichen für tiefgefrorene Ware. Zu den traditionellen Gerichten der Insel gehört Stockfisch, *stoccafisso.* Zum ersten Mal soll er in der Gegend um Rio nell'Elba mit Zwiebeln, Tomaten, Paprika, Pfeffer, Parmesan, schwarzen Oliven, Inselkräutern und Pinienkernen verzehrt worden sein.

Bei Fleischspeisen ist besonders *cinghiale,* Wildschwein, beliebt, aber es gibt selbstverständlich auch Rind *(manzo),* Schwein *(maiale)* und Huhn *(pollo)* auf mancherlei Art zubereitet. Vor allem im Herbst ergänzen noch Perlhuhn *(faraona)* und Fasan *(fagiano)* das Angebot. Zu Fleischgerichten schmeckt ein gemischter Salat *(insalata mista),* der besonders reichhaltig sein kann, aber meist noch mit etwas Essig und Olivenöl angemacht werden muss. Besonders schmackhaft im Herbst

Wein, Meeresfrüchte und Gemüseeintöpfe: Schon die alten Römer lobten die Spezialitäten der Insel in höchsten Tönen

sind Pilze *(funghi)* und Trüffel *(tartufi)* – viele Restaurants bieten Nudelgerichte mit aromatischen Steinpilzen und Trüffeln dann zu erschwinglichen Preisen an. In der traditionellen Küche der Insel Elba spielen Suppen und Eintöpfe eine wichtigere Rolle als Teigwaren. ● Ungesalzenes Landbrot nimmt häufig die Stelle der Nudeln ein. Einfache Gemüseeintöpfe *(gurguglione* oder *puttanaio)* mit Brot dienten früher den Minenarbeitern und Bauern als Mittagsverpflegung. Aber auch Tomatensuppen mit frischen Wild-

kräutern und rohes Gemüse wie Fenchel oder Stangensellerie, das in Olivenöl mit Salz und Pfeffer getunkt wird *(al pinzimonio)*, stehen für die Schlichtheit der toskanischen Küche. Eine Renaissance erlebte in der jüngsten Zeit die Platterbse – aus der Hülsenfrucht wird auf Elba eine leckere Gemüsesuppe gekocht *(minestra di cicerchie)*. In den Inselrestaurants kommen zudem Nudelfreunde auf ihre Kosten. Sie sollten unbedingt dicke Bandnudeln probieren, die gut zu Bohnenpesto passen *(fettucce al pesto di fave)*.

SPEZIALITÄTEN

▶ **antipasto di mare (insalata di mare)** – Muscheln und Meeresfrüchte, gedünstet und meist lauwarm serviert, meist als Vorspeise

▶ **arista** – Schweinebraten, mit Rosmarin und Knoblauch gewürzt (Foto re.)

▶ **cacciucco (zuppa di pesce)** – Suppe mit Fisch und Meeresfrüchten auf Knoblauchbrot (Foto li.)

▶ **carciofi fritti** – geviertelte, ausgebackene Artischocken

▶ **cinghiale in umido** – Wildschweingulasch in Tomatensoße

▶ **cozze alla marinara** – Miesmuscheln mit Tomatensoße und Brot

▶ **fritto misto** – in zartem Teig ausgebackene Tintenfischchen, Krebse und kleine Fische

▶ **gurguglione** – geschmortes Gemüse, vor allem Paprika und Tomaten

▶ **minestrone (zuppa di verdura)** – frisch zubereitete Suppe aus verschiedenen Gemüsen

▶ **pesce alla griglia/pesce bollito (pesce S. Piero)** – Frischfisch, vom Grill oder gekocht serviert

▶ **polpo in umido** – Tintenfisch in Tomatensoße

▶ **riso mare/nero** – Reis mit Meeresfrüchten bzw. Tintenfisch

▶ **sardine ripiene** – mit Ei und Parmesan gefüllte und gebackene Sardinen

▶ **sburita** – Suppe aus Brot, Stockfisch, Knoblauch und Kräutern

▶ **spaghetti mare (alla scoglia)** – Spaghetti mit Meeresfrüchten

▶ **spaghetti alle vongole** – Spaghetti mit Venusmuscheln

▶ **stoccafisso in umido** – Stockfisch in Tomatensoße (meist mit Kartoffeln)

▶ **stoccafisso alla riesce** – Stockfisch mit Paprika, Pinienkernen, Kräutern

▶ **tonnina in agrodolce** – mit Trauben süßsauer eingelegter Thunfisch

▶ **tonno alla griglia** – Thunfischscheiben vom Grill

Bleibt noch der Hinweis auf das Dessert *(dolce)*. In Sachen Süßigkeiten sind die Elbaner sehr erfindungsreich und kreieren immer neue Torten und Kekse. Zwei typische Kuchen sind *schiaccia ubriaca* und *sportella*.

Die klassische italienische Speisefolge – *antipasto* (Vorspeise), *primo* (meist Teigwaren), *secondo* (Hauptgericht aus Fisch oder Fleisch mit Beilage) und *dolce* – sollten Sie in einem Restaurant der oberen Preisklasse noch immer einhalten. Vor allem junge Leute und Touristen haben aber schon längst eine schnellere und preiswertere Möglichkeit entdeckt, ihren Hunger zu stillen. Bars, Enotheken, Rostbratereien *(rosticceria)* und Pizzerien halten oft den ganzen Tag über kalte und warme Leckereien für den schmalen Geldbeutel bereit. Ein Glas Wein oder Bier zu einer *focaccia* (gefüllte Teigtasche), einem Stück *pizza* oder einem *piatto del giorno* (Tagesgericht) tun es meist auch. Und zur *ora blu* (blaue Stunde) hängen viele dann müde von Sand, Sonne und Meer am Tresen, schlürfen einen der herrlichen Cocktails und genießen die kleinen bereitgestellten Minihäppchen. Pizza auf die Hand und Burger gibt es in Portoferraio, wo das erste Fast-Food-Restaurants Elbas eröffnet hat.

„Insula vini ferax", „fruchtbare Insel des Weins", nannte der antike Dichter Plinius die Insel Elba. Wein wird auf dieser Mittelmeerinsel angebaut und verarbeitet, seit es die leidlich zuverlässige Geschichtsschreibung gibt. Die Insel ist klein, die Anbaugebiete sind begrenzt, aber auch heute noch sind die Elbaweine unter Kennern geschätzt. Vor allem in den letzten Jahren haben sie, wie alle Weine der Toskana, sehr an Prestige gewonnen. Die Elbaner bevorzugen den Weißen der Insel, den vornehmlich aus Trebbiano-Trauben gewonnenen *Elba Bianco,* der gut zu Fisch und Krustentieren harmoniert. *Elba Rosso* ist der Wein für die Rotweintrinker unter den Touristen, ein trockener Sangioveto. In den meisten Lokalen können Sie sich auch auf den Hausweln, den *vino aperto* oder *vino di casa,* verlassen.

Trattorien und Bars (nicht aber Restaurants!) bieten inzwischen sogar italienisches und ausländisches Bier vom Fass *(alla spina)* oder in der Dose *(in lattina)* an. Es ist aber teuer und kostet mehr als der offene Wein der Gegend. Und bestellen Sie ein Mineralwasser, so sollten Sie

angeben, ob Sie es mit Kohlensäure *(con gas)* oder ohne *(senza gas)* haben möchten. Den krönenden Abschluss eines jeden Essens bildet ein Grappa. Auf der Insel wird er entweder aus allgemeinem

Elbas Trauben genießen einen guten Ruf

Trester oder aus Aleatico-Trester gewonnen. Für festliche Gelegenheiten halten die Elbaner auch noch den *Elba Spumante* bereit: *secco* (trocken) oder *dolce* (süß) krönt er jede Strandparty.

Wenn nicht anders angegeben, sind Trattorien und Restaurants von 12–14 Uhr und am Abend von 19.30–22 Uhr geöffnet (vergessen Sie besonders in der Hauptsaison nicht, vorher einen Tisch zu bestellen). Die 2–4 Euro pro Person, die Sie noch zusätzlich auf Ihrer Rechnung entdecken, werden für die stets frische Tischdecke und das Brot als sogenanntes *coperto* berechnet. Außerdem können in Restaurants noch 10–15 Prozent Service aufgeschlagen werden.

Beim Verlassen des Lokals tragen Sie bitte Ihre quittierte Rechnung noch etwa 200 m weit mit sich. Die Finanzpolizei führt immer wieder Kontrollen durch, um Steuerhinterziehungen aufzudecken.

EINKAUFEN

Eins ist klar: Nach Elba fährt man nicht des Einkaufens wegen. Die Preise in den Boutiquen haben italienisches Großstadtniveau, übersteigen es manchmal sogar, weil die Insellage (in einigen Bereichen) kaufmännisches Monopolverhalten geradezu herausfordert.

Die Öffnungszeiten der Geschäfte auf Elba und den Inseln sind nicht fest geregelt, als Faustregel gilt: Montags bis samstags sind die Geschäfte von 8.30 bis 12.30 Uhr und von 16 bzw. 17 bis 19.30 Uhr geöffnet. Im Juli und August haben viele Läden auch durchgehend und sonntags offen.

EDELSTEINE & SCHMUCK

Elba ist eine Fundgrube für Liebhaber von Halbedelsteinen, Mineralien und sehr leuchtkräftigen Korallen. Wer nicht selbst auf die Suche gehen möchte, der wird in zahlreichen Läden fündig. Auf der Insel vorkommende Mineralien, ob zu Schmuck verarbeitet oder in ihrem Naturzustand, finden Sie vor allem in den Geschäften von Porto Azzurro, Capoliveri und Marina di Campo. Einen besonders schönen Fund können Sie sogar in vielen Geschäften nach Ihrem Wunsch zur Erinnerung fassen lassen!

KERAMIK & FIGUREN

Der kleine Mann mit dem großen Zweispitz ist der Verkaufsrenner in den Souvenirshops von Elba. Überall auf der Insel werden Napoleonfiguren angeboten. Die Büsten und Statuen sind aus Marmor, Gips oder Kunststoff erhältlich. Etwas sperriger als Erinnerungsstück, aber ebenso unverwechselbar ist die schöne Keramik der Insel, die entlang der Straße von Portoferraio nach Porto Azzurro, aber auch auf den lokalen Märkten angeboten wird.

KRÄUTER & HONIG

Ein apartes und dazu noch schmackhaftes Mitbringsel sind die inseltypischen Lebensmittel. Seien es hausgemachte Teigwaren oder die berühmten Kräuter, die überall in den Wäldern und der Macchia auf Elba wachsen. Es gibt sie frisch oder getrocknet zu kaufen (in Kräuterläden, *erboristerie,* und auf den Märkten). Dem Elba eigenen Geschmack der Gewürze ähnlich ist der Geschmack des elbanischen Honigs, der überall angeboten wird. Lassen Sie es ruhig zu, wenn man Ihnen auf Elba Honig um den Bart schmiert. Er ist sein Geld wert und wur-

Honig, Öl und Steine:
Auf Elba finden Sie Köstliches für Küche und Keller – auch zum Mitnehmen

de bei der nationalen Klassifikation 2002 zum besten Honig Italiens erklärt!

OLIVENÖL & WEIN

Olio Extra Vergine di Oliva ist das „flüssige Gold" der toskanischen Bauern, und die Bauern auf Elba machen da keine Ausnahme! Um die 150 t Oliven werden hier pro Jahr geerntet. Das ergibt etwa 32 000 l *Olio Exra Vergine di Oliva*. Wenn Sie ganz sicher sein wollen, nur das beste Olivenöl – d. h. solches aus erster Kaltpressung – zu bekommen, kaufen Sie es direkt beim Erzeuger. Aber machen Sie sich darauf gefasst, dass es nicht ganz billig sein wird!

Ratsam ist es, wenn Sie auch die regionalen Weine direkt beim Erzeuger kaufen. So sollten Sie hier einen *Aleatico dell'Elba* probieren und mit nach Hause nehmen, den berühmten glutroten Dessertwein der Insel. Eine besonders gute Adresse für den Kauf, aber auch für andere D.O.C.-Weine Elbas und seltene Weine der Insel

Giglio sowie in Olivenöl eingelegtes Gemüse aller Art und weitere kulinarische Spezialitäten ist **INSIDER TIPP** Agricoop Elba in Seccheto (*www.agricoopelba.it*).

WOCHENMÄRKTE

Lohnend ist ein Besuch der Wochenmärkte: In einem farbenprächtigen Durcheinander finden Sie von fangfrischem Fisch bis zu bunten Flip Flops so ziemlich alles, was Sie sich für Ihren Urlaub ersehnen. Märkte finden meist von 8 bis 13 Uhr statt: montags in Rio Marina, dienstags in Marciana Marina und Rio nell'Elba, mittwochs in Marina di Campo und Cavo, donnerstags in Procchio und Capoliveri, freitags in Portoferraio, samstags in Porto Azzurro und Procchio, sonntags während der Sommersaison in Lacona.

Im Sommer halten die Handwerker ihre Märkte täglich von 21 bis 24 Uhr in den Gassen von Capoliveri, Marciana Marina, Marina di Campo, Porto Azzurro und Portoferraio ab.

DIE PERFEKTE ROUTE

RUND UM PORTOFERRAIO

Die Inselhauptstadt ❶ *Portoferraio* → S. 32 (Foto li.) ist der ideale Ausgangspunkt: Nachdem Sie durch die Festung spaziert sind und am Hafenbecken *Darsena Medicea* Schiffe geschaut haben, machen Sie auf dem Weg in den Westen (tutte le direzioni, dann Richtung Procchio) zunächst einen Abstecher nach ❷ *San Martino* → S. 44 (2 km hinter Portoferraio links abbiegen). Eine lange Allee führt Sie zur *Villa Napoleonica,* der Sommerresidenz Napoleons. Vor dem Landsitz verkauft Nonna Adua, ein Elba-Original, ihr Kochbuch mit Rezepten von der Insel.

STRÄNDE UND EIN SCHIFFSWRACK

Auf der Straße nach Procchio biegen Sie rechts nach ❸ *Scaglieri* → S. 75 und gehen an einem der schönsten Strände der Insel baden. Schlendern Sie noch zu Fuß rüber bis in die Bucht von ❹ *Biodola* → S. 40. Korkeichen säumen den Weg nach ❺ *Procchio* → S. 73, kehren Sie unbedingt in die traumhaft gelegene Strandbar *Bagni Paola* ein. Erfrischt und gestärkt fahren Sie auf der Küstenstraße bis Marciana Marina. Hinter Procchio ragt ein Fels aus dem Wasser, am *Scoglio della Paolina* ging Napoleons Lieblingsschwester gern baden. Stechen Sie in ❻ *Marciana Marina* → S. 64 mit dem Glasbodenboot *Nautilus* in See und schauen Sie sich das von einer Muscheldecke überzogene Schiffswrack *Pomonte* an.

UNTERWEGS IN DEN BERGEN

Die Straße windet sich nach ❼ *Poggio* → S. 70 hinauf. Füllen Sie sich am Ortsrand Mineralwasser aus der *Napoleon-Quelle* ein, bevor Sie ins Gassengewirr des Bergdorfs eintauchen. Ebenso schön wie Poggio ist der an einem Berghang gelegene Nachbarort ❽ *Marciana Alta* → S. 63. Nach der Serpentinentour gibt es im *La Porta* vorzüglichen Kastanienkuchen mit Panoramablick, bevor Sie sich im *Il Capepe* mit ausgefallenen Konfitürensorten eindecken. Bei gutem Wetter lohnt die Seilbahnfahrt auf den ❾ *Monte Capanne* → S. 64, die Talstation liegt am Ortsausgang.

FELSEN, BASSINS UND EINE RIESENPINIE

Die Straße schraubt sich wieder zur Küste hinab. Biegen Sie vor der Weiterfahrt nach Chiessi rechts nach ❿ *Sant'Andrea* → S. 67 (Foto re.) und schauen Sie sich die bizarr geformten Granitfelsen an. Auf dem Weg zur

Erleben Sie Elbas viele Facetten und umrunden Sie die Insel – mit Abstechern von der Hauptroute in Badebuchten und auf Berggipfel

11 *Punta Nera* → S. 72 im äußersten Westen Elbas passieren Sie Eukalyptuswälder. Weinterrassen und türkisblaues Wasser dominieren das Landschaftsbild zwischen **12** *Chiessi* → S. 72 und **13** *Pomonte* → S. 71. Parken Sie 4 km hinter Pomonte und schauen Sie sich die natürlichen Schwimmbassins zwischen **14** *Fetovaia* → S. 72 und Seccheto an. Jenseits von Cavoli folgen Sie den Schildern Richtung **15** *Marina di Campo* → S. 68 – bei *Il Viottolo* können Sie ein Seekajak ausleihen. Fahren Sie weiter bis nach **16** *Lacona* → S. 51, die uralte Schirmpinie ist die Besucherattraktion des Badeorts und ein beliebtes Fotomotiv.

MINERALIEN UND MINIBAHN

Auf dem Weg nach Osten gelangen Sie zum malerischen Bergdorf **17** *Capoliveri* → S. 46, dessen hoch gelegene *Piazza* einer Aussichtsplattform gleicht, bevor es nach **18** *Porto Azzurro* → S. 53 geht. Zum Stadtbummel lädt das belebte Viertel um die *Piazza Matteotti* ein, anschließend lohnt die kostenlose Steinausstellung bei *Giannini* einen Besuch. Zeit für ein Gläschen Wein – die besten Tropfen gibt es im etwas außerhalb gelegenen *Weingut Arrighi*. Jetzt fahren Sie weiter nach **19** *Rio nell'Elba* → S. 58. Der älteste Ort auf Elba wartet mit einem sehenswerten historischen Waschhaus auf. Steuern Sie zum Schluss Ihrer Tour den nahe gelegenen Küstenort **20** *Rio Marina* → S. 56 an. Im ehemaligen Erzverladehafen können Sie mit einer Minibahn durch den unter Unesco-Schutz stehenden Mineralienpark fahren und selbst auf Steinsuche gehen.

125 km. Reine Fahrzeit 5 Stunden. Empfohlene Reisedauer: 3 Tage Detaillierter Routenverlauf auf dem hinteren Umschlag, im Reiseatlas sowie in der Faltkarte

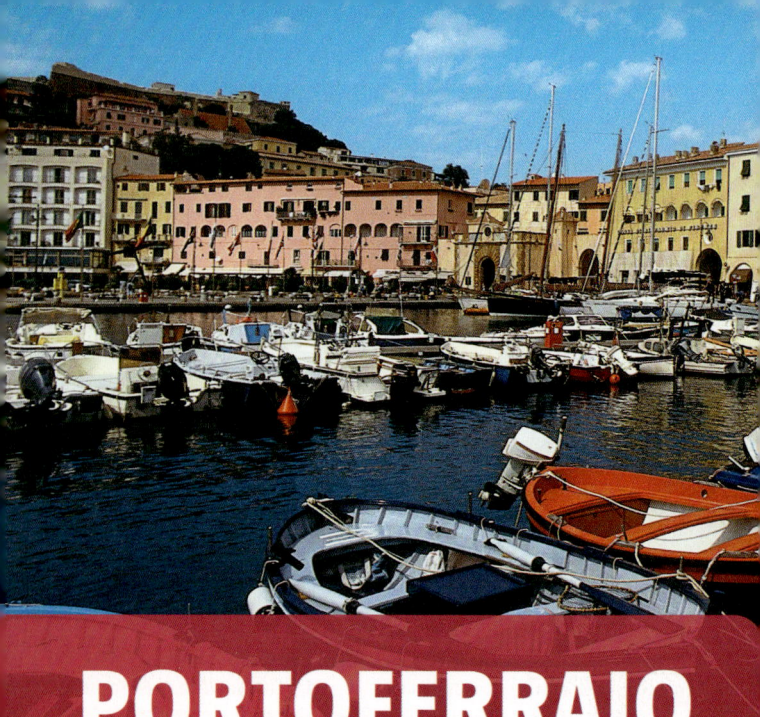

PORTOFERRAIO

(121 E1–2) *(J3–4)* **Früher wurden in der Hauptstadt Elbas, Portoferraio (deutsch „Eisenhafen"), Eisenerz und Eisengut für Schwerter und Pflugscharen verschifft. Heute sind es vorwiegend Reisende aus allen Regionen Europas, die via Portoferraio auf die Ferieninsel Elba kommen.**

Mit dem neuen Fährhafen erwuchs im Westteil der Stadt ein modernes Zentrum mit Restaurants, Cafés, Boutiquen und den Büros der Fährgesellschaften. Doch auf Elba bleibt Geschichte immer lebendig. Die Gegend, auf der das heutige Portoferraio liegt, ist besonders geschichtsträchtig. Nach den Etruskern gründeten auch die alten Griechen hier eine erste Siedlung. Sie trug den Namen *Argoos*.

Zum wichtigen Handelszentrum wurde der Ort erst, als die Römer folgten. Sie bauten die Siedlung an der Bucht aus und nannten sie *Fabricia* nach dem lateinischen Wort für Schmiede. Großherzog Cosimo I. de'Medici ließ im 16. Jh. Portoferraio zu einem befestigten Hafen für den Kampf gegen die Piraten des Mittelmeers ausbauen – erhalten blieben davon der Altstadtkern und die beiden Festungen *Forte Stella* und *Forte Falcone*. Heute ist Portoferraio mit mehr als 12 000 Einwohnern die Hauptstadt der Insel Elba und des Toskanischen Archipels, eine Stadt, die – auch wenn Sie nur zum Sonnenbaden und Sporttreiben, zum Mineraliensammeln und Wandern gekommen sind – mindestens einen Besuchstag lohnt.

Bild: Hafen von Portoferraio

**Das Tor zu Elba ist eine Festung:
Vom einstigen Eisenhafen zur lebendigen
Metropole des Toskanischen Archipels**

SEHENSWERTES

Beginnen Sie Ihren Rundgang durch
Portoferraios Altstadt am Kai des Hafen-
beckens *Darsena*, das im Sommer stets
einer großen Flotte von Segelyachten
Schutz bietet. Am *Molo Mediceo*, an dem
einst die Galeeren der florentinischen
Medici festmachten, finden Sie die *Porta
a Mare,* durch die es hinauf in die Altstadt
geht. Parkplätze sind direkt gegenüber
dem Fähranleger oder bei der *Banchina/
Alto Fondale.*

CASERMA DE LAUGIER – CENTRO
CULTURALE E CONGRESSUALE ●
(U E2) (M e2)

Das ehemalige Kloster San Salvatore
(16. Jh.) wurde im 18. Jh. zur Kaserne
für die Soldaten des napoleonischen
Offiziers Cesare De Laugier. Umgebaut
zum Kultur- und Kongresszentrum sind
heute hier die *Pinacoteca Foresiana* und
die *Biblioteca Foresiana* untergebracht,
benannt nach Elbas großem Humanis-
ten Mario Foresi. Zu Beginn des vorigen
Jahrhunderts vermachte der Gelehrte

Die achteckige Torre della Linguella sicherte einst die Einfahrt zum Hafen Darsena

seiner Heimatstadt nicht nur die Kunstsammlung seiner Familie, sondern auch seine Bibliothek *(Mo, Mi, Fr 9–12, Di, Do 15–18 Uhr | Eintritt frei)*, die rund 50 000 Bände umfasst. Das Zentrum erreichen Sie über eine schöne Treppe aus rosafarbenem Gestein. Herrlich ist der Blick vom großen, gepflasterten Vorplatz. *Salita Napoleone*

CHIESA DELLA MISERICORDIA ★
(U E2) (*e2*)

Die Kirche ist ein Hort der anderswo in Europa nicht immer verstandenen Verehrung für Napoleon Bonaparte. Das äußerlich schlichte Gotteshaus, in dem seit 1677 die Gebeine des Schutzheiligen von Portoferraio, San Cristino, aufgebahrt sind, hat gleich hinter dem Haupteingangstor einen abgeschlossenen Raum, in dem sich heute ein kleines *Museum (Mitte April–Ende Okt. Mo–Sa 9.30–12.30 Uhr | Tel. 05 65 91 87 85)* befindet.
Der russische Fürst Demidoff, Ehemann einer Nichte Napoleons, stiftete für die Kirche unter anderem einen Bronzeab-

guss jener Totenmaske, die Napoleon auf St. Helena von dem Arzt Francesco Antommarchi abgenommen worden war, ein Replikat des im Invalidendom von Paris ausgestellten Sarkophags und eine Nachbildung der ebenfalls in Paris im Musée de l'Armée befindlichen Bronzehand Napoleons. Die einzige Bedingung des Fürsten für seine großzügige Schenkung lautete: Einmal im Jahr, immer am 5. Mai, dem Todestag Napoleons, muss eine Seelenmesse für ihn gehalten werden. Und das geschieht dann auch seither jedes Jahr aufs Neue. *Salita Napoleone*

CHIESA DEL SS. SACRAMENTO
(U E3) (*e3*)

Die im Zweiten Weltkrieg stark beschädigte und wieder restaurierte Renaissancekirche aus der Zeit der Medici beeindruckt im Inneren durch den Marmorhochaltar und das Deckengemälde mit der heiligen Jungfrau, das Giovanni Camillo Sagrestani im 17. Jh. schuf. *Via Garibaldi*

INSIDER TIPP ▶ **CIMITERO MISERICORDIA**
(0) *(ᗰ 0)*

Jenseits der Altstadt weisen hoch aufragende Zypressen den Weg zum äußerst sehenswerten Friedhof der Stadt, auf den sich auch während der Sommermonate, wenn die Straßen Portoferraios voller Menschen sind, kaum Touristen verirren. *Via Cimiteri*

DARSENA MEDICEA/HAFENBECKEN
☼ (U D–E4) *(ᗰ d–e4)*

Das von den Festungen überlagerte und von der *Torre della Linguella* gegen das offene Meer abgesicherte Rund mit der zur Altstadt führenden *Porta a Mare* bietet einen herrlichen Anblick. Die belebte Uferpromenade besticht durch ihre aneinandergereihten bunten Häuser und die zahlreichen Boutiquen, Bars und Cafés, die zum Bummeln einladen.

Früher lagen hier im Hafen Galeeren, Feluken und Brigantinen vor Anker. Der legendäre englische Admiral Horatio Nelson nannte die Darsena Medicea einen der sichersten Häfen der Welt. Dieser seit jeher ideale Anlegeplatz wurde in den letzten Jahren den Anforderungen heutiger Schiffseigner entsprechend ausgestattet: Personal, Wasser, Strom, leicht zugängliche Liegeplätze für Yachten aller Größen und ein umfassender Service rund ums Boot *(Tel. 05 65 91 41 21 und 05 65 94 40 24 | marinadiportoferraio.it)*. Der ganzjährig geöffnete Sportboothafen bietet sehr saubere Waschgelegenheiten mit Warmwasserduschen und Behinderten-WC sowie WLAN-Verbindung, Bügel-, Wäscheservice und Catering an. In der Marina gibt es außerdem einen Verleih für Autos, Roller und Motorräder *(Darsena Medicea, Cosimo de Medici, Calata Mazzini)*

DUOMO (U E3) *(ᗰ e3)*

Hier im Dom von Portoferraio wurde bei der Ankunft von Napoleon 1814 ein feierliches *Tedeum* abgehalten, an dem er kniend teilnahm. Die Fassade wurde im Anklang an die Florentiner Renaissance

---

⭐ **Chiesa della Misericordia**
Ein Ort der Verehrung: Jährlich eine Seelenmesse für den verbannten Napoleon → S. 34

⭐ **Forte Stella**
Ein Leuchtturm für die Seefahrer und ein weiter Blick über die Bucht von Portoferraio → S. 36

⭐ **Museo Civico Archeologico**
Damit man weiß, was wo einmal war → S. 36

⭐ **Villa dei Mulini**
Von der Mühle zur Palazzina: Hier dürfen Sie einmal in Napoleons Wohnstube blicken → S. 38

⭐ **La Barca**
Pasta aus eigener Herstellung und exzellente Fischgerichte → S. 38

⭐ **Golfo della Biodola**
Teure Hotels und ein feiner weißer Strand → S. 40

⭐ **Villa Napoleonica**
Bonapartes Sommerresidenz → S. 44

⭐ **Terme di San Giovanni**
Eine Schlammpackung gegen hartnäckigen Juckreiz → S. 45

⭐ **Villa Romana delle Grotte**
Ausgrabungen einer römischen Küstenvilla mit Traumblick → S. 45

MARCO POLO HIGHLIGHTS

im 18. Jh dem Gebäude vorgesetzt. *Piazza della Repubblica*

FORTEZZE MEDICEE/FORTE FALCONE
(U C–D 2–4) *(ᗰ c–d 2–4)*

Auf den Wehrgängen und Bastionen der 1548 zum Schutz vor Piratenüberfällen errichteten Festung wurden 1994 auf einer Länge von über 500 m bequeme Spazierwege angelegt. Es gibt sogar einen Kinderspielplatz und eine Bar. Überwältigend ist nicht nur die Festungsarchitektur, von diesen strategisch so wichtigen Punkten haben Sie auch den besten Blick auf Hafen, Stadt und Umland. Besonders im Frühjahr und Herbst erstaunt die Vielfalt an blühenden Pflanzen, die sich im Mauerwerk angesiedelt haben.

Der Forte Falcone selbst dient heute noch immer der italienischen Marine als Stützpunkt und kann nicht besichtigt werden. *Via Guerrazzi | an der Piazza del Popolo steigen Sie die Via Pietro Senno hinauf, gleich nach der Unterführung der Festung, der Porta Terra, ist rechts der Eingang | Anf. April–Mitte Juni und Mitte Sept.–Ende Okt. Do–Di 10–13 und 15.30–19.10, Mitte Juni–Mitte Sept. tgl. 9–20 Uhr | Eintritt 3 Euro, Sammelticket mit Teatro dei Vigilanti und Museo Civico Archeologico 5,50 Euro*

FORTE STELLA ⭐
(U F2–3) *(ᗰ f2–3)*

Ebenso wie vom Stadtsitz Napoleons können Sie den weiten Blick auf die Bucht von Portoferraio von den Wehrgängen des Forte Stella aus genießen! Die Festung wurde – genau wie der gegenüberliegende *Forte Falcone* – 1548 unter der Herrschaft der Medici errichtet. Den Leuchtturm in der Nordostecke ließ 1789 Großherzog Leopold I. de'Medici erbauen, um „den Hafen während der Nacht erkenntlich zu machen". Er kann nicht bestiegen werden. *Tgl. 9.30–13.30 und 14.30–18 Uhr | Via della Stella | Eintritt 1,50 Euro*

MUNICIPIO (U E3) *(ᗰ e3)*

Der Gemeindepalast wurde 1562 von Cosimo I. de'Medici errichtet und wird auch *Biscotteria* (Backwerk) genannt, weil hier täglich frisches Brot für die Soldaten gebacken wurde. Sehenswert ist im Hof ein im 2. Jh. v. Chr. bei Seccheto errichteter römischer *Opferaltar,* in dessen Granit der Name seines Stifters, des unter Kaiser Hadrian eingesetzten Präfekten Publius Acilius Attianus, und das Flachrelief einer Herkuleskeule eingemeißelt sind. Dort finden Sie neben etlichen Ehrentafeln auch den Hinweis, dass der französische Schriftsteller Victor Hugo genau hier als Kind spielte, weil sein Vater als Gouverneur nach Elba entsandt worden war. *Piazza della Repubblica*

MUSEO CIVICO ARCHEOLOGICO ⭐
(U E5) *(ᗰ e5)*

Das archäologische Museum, das im 16. Jh. als Salz- und später als Thunfischlager diente, gibt didaktisch klug über die wechselvolle Frühgeschichte der Inseln im Toskanischen Archipel Auskunft und besitzt eine umfassende Sammlung der auf Elba vorkommenden Gesteine. *April–Mitte Juni und Mitte Sept.–Ende Okt. Fr–Mi 10–13 und 15.30–19.10 Uhr, Mitte Juni–Mitte Sept. tgl. 9–14.25 und 18–24 Uhr | Piazzale della Linguella | Eintritt 3 Euro, Sammelticket mit Fortezze Medicee und Teatro dei Vigilanti 5,50 Euro*

PIAZZA CAVOUR (U E3) *(ᗰ e3)*

Gleich hinter dem Stadttor Porta a Mare liegt der lang gestreckte, quirlige Hauptplatz der Altstadt. Hier finden Sie zahlreiche Bars, Restaurants und Zeitungskioske, die auch internationale Presse führen. Außerdem sind hier die wichtigsten Banken mit Geldautomaten.

PINACOTECA FORESIANA
(U E2) (*e2*)

Im ehemaligen Franziskanerkonvent ist die einzige Galerie Elbas untergebracht mit einer bedeutenden Sammlung von Gemälden, Drucken, Zeichnungen und Skulpturen vornehmlich italienischer Künstler des 16.–19. Jhs. sowie Möbel verschiedener Epochen – ein Vermächtnis der Familie Foresi. *Di/Do 9–12 Uhr | Salita Napoleone | Eintritt 3 Euro*

PORTA A MARE (U E4) (*e4*)

Ursprünglich gab es nur diesen einen Eingang zur Altstadt und zu den Festungen hinauf, was die Sicherheit der Bevölkerung von Portoferraio vor Piratenüberfällen sehr erhöhte. Zur Erleichterung des Zuliefer- und Anwohnerverkehrs hat man jedoch einen weiteren Zugang in die Stadtmauer gebrochen. Er befindet sich zwischen *Calata Buccari* und *Via Porta Nuova*.

TEATRO DEI VIGILANTI ●
(U D3) (*d3*)

Das im Jahr 1616 als Karmeliterkirche *Chiesa del Carmine* geweihte Gebäude wurde jüngst restauriert. Napoleon ließ es für seine kulturell interessierte Schwester zu einem Theater umbauen. Finanziert wurde das Ganze von wohlhabenden Kaufleuten, die sich Ehrenlogen mit Blickkontakt zur Kaiserloge erkaufen konnten. Wer eine Loge bekam, strahlte vor Glück. Deshalb nannte man das Haus zunächst auch *Teatro dei Fortunati* (Theater der Glücklichen). **INSIDER TIPP ▶** Eine Besichtigung des Theaters auch außerhalb der Spielzeiten lohnt sich allein, um den originalen Vorhang aus Napoleons Zeit und die Holzdecke zu sehen! *Ostern– Okt. Mo–Sa 9–13 Uhr | Piazza A. Gramsci | Eintritt 3 Euro, Sammelticket mit Fortezze Medicee und Museo Civico Archeologico 5,50 Euro*

TORRE DELLA LINGUELLA/
VILLA ROMANA (U D5) (*d5*)

Cosimo I. de'Medici ließ beim Bau seiner neuen Festungsanlage den achteckigen Torre della Linguella 1548 als zusätzlichen Schutz für die Altstadt errichten. 1757 baute ihn Franz I. von Lothringen zum Gefängnis aus. Im Volksmund wird er wegen seines ziemlich klobigen Äußeren meist *Torre del Martello* genannt: Hammerturm. Der Bau wurde im Zweiten Weltkrieg stark beschädigt. Während der Restaurierungsarbeiten fand man Fundamentreste einer *römischen Villa*. Besonders die Fußböden aus Terracotta, Marmorplatten und Mosaiken sind sehenswert. *Piazzale della Linguella*

Von der Kirche zur Bühne: Ieatro dei Vigilanti

VILLA DEI MULINI ⭐ (U E2) (🗺 e2)

Die geeignete Residenz für seine Verbannungszeit hatte Napoleon Bonaparte schon vom Schiff aus erwählt. Gleich nach seiner Ankunft ließ er das 1724 als Gerichtssitz erbaute und dann zur Mühle umfunktionierte Gebäude zu seinem Stadtpalast umbauen. Von der eher bescheidenen Eingangshalle des als *Villa* oder *Palazzina dei Mulini* (Mühlenvilla)

Bett war zu jener Zeit üblich, um hochgestellte Persönlichkeiten an Festlichkeiten teilnehmen zu lassen, selbst wenn sie bettlägerig waren. Im Nebenraum steht das im Vergleich umso bescheidener wirkende Klappbett, das der Kaiser auf seinen Feldzügen benutzte. *April–Okt. Mi–Mo 9–19, So bis 13, Mitte Juni–Mitte Sept. tgl. 9–19, Okt.–März Mi–Mo 9–16, So bis 13 Uhr | Piazzale Napoleone 1 | Ein-*

Paradebett: eins der wenigen Originalmöbel Napoleons in der Villa dei Mulini

bekannten Baus geht nach rechts die Galerie ab – mit der Kopie eines berühmten Bilds von Jacques Louis David, das Napoleon beim Überqueren der Alpen am St. Bernhard zeigt. Das Gemälde bildet den Kaiser auf einem scheuenden Pferd ab. Es folgen das *Gabinetto dell'Imperatore* (Salon des Kaisers) und sein Schlafzimmer.

Auch sehenswert: der große Saal im ersten Stock, in dem Napoleons Schwester Pauline Bonaparte festliche Empfänge gab. Im Ballsaal wurde das Paradebett der Mutter Napoleons, das *letto di rappresentazione*, aufgestellt. Ein solches

tritt 3 Euro (bei Sonderausstellungen 6 Euro), unter 18 und über 65 Jahren für EU-Mitglieder frei, Sammelkarte 5 Euro (bzw. 11 Euro) mit drei Tagen Gültigkeit für Villa dei Mulini und Villa Napoleonica in San Martino (bei Redaktionsschluss war die Villa noch wegen Renovierungsarbeiten geschlossen!)

ESSEN & TRINKEN

LA BARCA ⭐ (U D3) (🗺 d3)

Fischgerichte und hausgemachte Pasta bietet die sympathische Trattoria. Sie liegt in einer malerischen Treppengasse mit Pergola am Aufgang zur Feste nahe dem alten Darsena-Hafen. *Juli/Aug. mittags sowie So und Feb. geschl.* | *Via Guerrazzi 60–62* | *Tel. 05 65 91 80 36* | €€€

INSIDER TIPP ▶ IL BARETTO
(U D4) (🗺 d4)

Klein, aber fein: In dieser trendigen Bar lässt es sich schön draußen sitzen, dem ständigen *struscio* (Flanieren) der Elbaner zusehen, einen guten Cocktail trinken und das Hafenleben genießen. *Tgl. 8 Uhr bis spät in die Nacht, Nov.–Feb. geschl.* | *Calata Italia 21* | *Tel. 05 65 91 46 13* | €

INSIDER TIPP ▶ CAFFESCONDIDO
(U D3) (🗺 d3)

Nur wenige Schritte vom Teatro dei Vigilanti entfernt liegt dieses beliebte Lokal. Die Betreiber legen großen Wert auf hochwertige Zutaten, die meisten Gäste kommen wegen der traditionellen Inselgerichte, beispielsweise dem Fischeintopf *gurguglione*. *So geschl., ganzjährig geöffnet, März und Sept. je eine Woche Betriebsferien* | *Via del Carmine 65* | *Mobiltel. 34 03 40 08 81* | €€

IL CASTAGNACCIO (U E3) (🗺 e3)

Im Lokal mit Tischen draußen gibt es täglich außer ofenfrischer Pizza auch die toskanische *torta di ceci* (salziger Kichererbsenkuchen) und den köstlichen *castagnaccio* (Kuchen aus Kastanienmehl). *Mi geschl., 10.30–14.30 und 18–24 Uhr* | *Via del Mercato Vecchio 5* | *Tel. 05 65 91 58 45* | €

DA LIDO (U D3) (🗺 d3)

Ausgezeichnetes und gemütliches Fischrestaurant. Zu empfehlen: Vorspeisenteller mit phantasievollen kalten und warmen Fischgerichten *(antipasto misto)* und der im Ofen gebackene Fisch *(pesce al forno)*. Lassen Sie sich den Fisch gern vorher zeigen. *Tgl. 12–15 und* 19.30–22.30, *Mitte Dez.–Ende Jan. geschl. und in der Nebensaison So geschl.* | *Salita del Falcone 2* | *Tel. 05 65 91 46 50* | *www.ristorantelido.org* | €€

INSIDER TIPP ▶ OSTERIA DA LIBERTARIA
(U E4) (🗺 e4)

Noch ein Hauch des alten Hafens ist im winzigen Lokal zu spüren. Wenige Tische befinden sich drinnen, aber am schönsten sitzen Sie auf Bänken mit Blick auf die Darsena. Gutes, typisch elbanisches Essen. *April–Okt. tgl.* | *Calata Matteotti 12* | *Tel. 05 65 91 49 78* | €

LE SIRENE ☆ (U B2) (🗺 b2)

Wer den schönen Strand *Le Ghiaie* nicht verlassen will, setzt sich am besten bei den Sirenen an den Tisch: Nur wenige Meter trennen einen hier vom Wasser. Vor allem Fischgerichte sind angesagt, fangfrisch, aber auch tiefgekühlt (dann sind sie wesentlich preiswerter!) bereitet man sie zu. *März–Okt. tgl.* | *Spiaggia delle Ghiaie* | *Tel. 05 65 91 43 64* | €–€€

STELLA MARINA (U B4) (🗺 b4)

Ob Sie gepflegt und mit Blick auf den Hafen frischen Fisch speisen oder nur noch schnell vor dem Ablegen an der Bar eine Kleinigkeit essen wollen – der gegenüber der Anlegestelle der Toremar-Fähren gelegene „Seestern" zählt zu den besten und kreativsten Restaurants auf der ganzen Insel. *Juni–Sept. tgl., Okt.–Mai Mo und die letzten beiden Nov.- sowie Feb.-Wochen geschl.* | *Via Vittorio Emanuele 2* | *Tel. 05 65 91 59 83* | €€€

EINKAUFEN

CERAMICHE VOLPI (121 E3) (🗺 J4)

Es lohnt sich, bis in den 3 km südlich gelegenen Vorort San Giovanni zu fahren, um dort besondere Keramiksouvenirs zu erwerben. Bringen Sie auf jeden Fall etwas Zeit mit, denn es ist immer möglich, einem der Künstler vor Ort über die Schulter zu sehen, während vor ihm auf der Töpferscheibe ein neues Objekt entsteht. *Ortsteil San Giovanni | www. ceramichevolpi.it*

FIORELLA (U E4) (*ᗕ e4*)

Es ist das pure Vergnügen hier einzukaufen, aber nicht billig! Kaschmirpullover, Schals, Plaids, Schuhe, Koffer und Lederwaren aus eigener Herstellung sowie von Bric's und anderen bekannten Designern. *Calata Matteotti 2 | www.fiorellapelle.it*

JEISALMER (U D3/U E3) (*ᗕ d3/e3*)

Sehr geschmackvolle Leinenkleider und andere Freizeitkleidung. *Calata Mazzini 6 und Piazza Cavour*

LANDRO (U E3) (*ᗕ e3*)

Schöne Schuhe und Lederwaren führender italienischer Marken. *Piazza Cavour 35*

IL LIBRAIO (U D5) (*ᗕ d5*)

Alles Wissens- und Lesenswerte – nicht nur über die Insel. Auch deutsche Bücher, Zeitschriften und Reiseliteratur. *Calata Mazzini 9*

LOCMAN-UHREN (U D5) (*ᗕ d5*)

Die exklusiven Markenuhren von der Insel gibt es in extravaganten Designs und in den Modellen *Latin Lover* oder *Montecristo. Calata Mazzini 17 | www.locman.it*

MARINA SALA CASHMERE
(U E3) (*ᗕ e3*)

Feinstes Kaschmir von Ziegen aus der Mongolei, Tibet und China: Pullover und Röcke sowie Tücher und Decken in natürlichen Farbnuancen. Die Preise rechtfertigen sich, wenn man bedenkt, dass jede Ziege ca. 200 g Wolle gibt und davon nur die Hälfte verarbeitet werden kann! *Via Cairoli 27 | www.marinasalacashmere.it*

NAUTICA SPORT
(U B3/U B4) (*ᗕ b3/b4*)

In diesem riesigen Laden finden Sie alles, was ein Sportler braucht: von eleganten Klamotten und modischen Kleidern bis hin zu professionellem Outfit und dessen Zubehör. *Calata Italia 3 und Via Carducci 238*

OASI (U B3) (*ᗕ b3*)

Designerkleidung von Armani bis Moschino. *Via Carducci 38*

OREFICERIA DADDI (U E3) (*ᗕ e3*)

Das besondere Andenken? Das ist ein in Erika-Wurzelholz gefasster Chronometer. *Piazza Cavour 31*

STRÄNDE

GOLFO DELLA BIODOLA ⭐
(120 B2) (*ᗕ G4*)

Die wunderschöne Bucht liegt rund 5 km westlich von Procchio. Den feinen Sandstrand kann jedermann nutzen, auch wenn exklusive Hotels ihn sich aufgeteilt zu haben scheinen. Das erste Luxushotel der Insel war das *Hermitage (130 Zi. | April–Okt. | Tel. 05 65 97 40 | www.hotel hermitage.it | €€€)*. Zum Hotel gehört auch ein Golfplatz mit 6 Löchern. Der Strand bietet nicht nur feinen Sand und gesalzene Preise für die Miete von Sonnenschirm, Liegestuhl inkl. Nutzung einer Umkleidekabine *(ca. 50 Euro/tgl. in der Hauptsaison)*, sondern auch viele Angebote für Wassersportfans: Im *Hotel Hermitage* gibt es eine Segel- und Surfschule sowie eine Tauchbasis *(La Biodola | Tel. 05 65 97 48 12 | www.hotelhermitage.it)*.

GOLFO DI VITICCIO
(120 B–C 1–2) (*ᗕ G3–4*)

Die nördlich anschließende Bucht mit dem kleinen Fischerort Viticcio ist wesentlich ruhiger als der Strand von Biodola, allerdings finden Sie hier etwas gröberen Sandstrand. Empfehlenswert ist das *Hotel Viticcio (32 Zi. | Mitte April–Sept. | Tel. 05 65 93 90 582 | www.hotelviticcio.it | €€€)* mit hübschen Räumen und einem ☀ Garten, von dem man einen traumhaften Blick über die ganze Bucht hat. Fragen Sie nach Zimmern zum Meer.

Von Viticcio können Sie zum *Capo d'Enfola* nach Nordwesten wandern. Der 135 m hoch aufragende ☀ *Monte Enfola,* ein wahres Vogelparadies, ist nur durch eine schmale Landzunge mit der Insel verbunden. An ihrem Ende können Sie noch immer die *Tonnara* sehen, Gebäude aus dem 18. Jh., in denen noch bis vor wenigen Jahren der hier gefangene Thunfisch angelandet und verarbeitet wurde. Vom Gipfel haben Sie einen herrlichen Blick bis nach Capraia.

<mark>INSIDER TIPP</mark> SPIAGGIA DI CAPO BIANCO (SPIAGGIA LE GHIAIE)

(121 D–E1) (⌖ J3)
(U A–B2) (⌖ a–b2)

Der schöne Kiesstrand *Capo Bianco* liegt nicht einmal 2 km westlich von Portoferraio hinter der Landzunge Capo Bianco. Unter Wasser erstreckt sich von hier in Richtung Portoferraio bis zum nächstgelegenen Strand *Le Ghiaie* ein untermeerisches Naturreservat, das Sie schnorchelnd entdecken können. Wegen der Einzigartigkeit der Unterwasserwelt darf man an diesem Küstenabschnitt nicht Fischen. Woanders ist die Jagd auf Fische überall erlaubt, allerdings nur ohne Tauchflaschen und mit der Vorgabe, dass Sie maximal 5 kg Fisch und Schaltiere pro Person aus dem Meer holen. Den schönen Kiesstrand *Le Ghiaie* erreichen Sie auch in wenigen Minuten zu Fuß vom Hafen.

SPIAGGIA DI ENFOLA (120 B1) (⌖ G3)

Wegen seines flach abfallenden Wassers ist der in der Nähe der alten Thunfischfabrik gelegene Kiesel- und Klippenstrand bei Familien beliebt.

Am Campingplatz *(Ortsteil Enfola | Tel. 05 65 93 90 01 | www.campingenfola. it)* von Enfola starten organisierte Seekajaktouren. Hier gibt es auch eine Kanuschule und ein Tauchzentrum, das

Über wie unter Wasser sehens- und erlebenswert: die Spiaggia di Capo Blanco

Unterwassertouren rund um Kap Enfola organisiert.

SPIAGGIA DI MAGAZZINI
(121 F2–3) (*Ø K4*)

Vier Kilometer östlich von Portoferraio liegt der Strand von Magazzini ganz in der Nähe der Salinen von Schioppa-rello. Außer Bar und Restaurant gibt es eine Segelschule und Bootsverleih. Eine Attraktion für Unterwassersportler ist die schwimmende Tauchbasis *Unica Diving (Mobiltel. 34 84 10 67 61 | www.unica-diving.com)*. Werner Nehls und sein Team begleiten Taucher täglich zum Pomonte-Wrack und anderen attraktiven Tauchplätzen.

SPIAGGIA LE VISTE (U D–E2) (*Ø d–e2*)

Eine Serpentine führt vom Piazzale Napoleone hinab zur kleinen Kieselbucht mit Restaurant und Bar.

LOW BUDG€T

▶ Die günstige Pizza in *La Cisterna* wird von vielen hoch gelobt! *Via delle Conserve 6 | Tel. 05 65 91 86 61*

▶ Nimmt man den Strandlärm in Kauf, wohnt man bestens und günstig im kleinen Hotel *Le Ghiaie* bei Portoferraio. *11 Zi. | Ende April–Sept. | Ortsteil Le Ghiaie | Tel. 05 65 91 51 78*

▶ In der *Enoteca della Fortezza* gibt's guten Wein wie kleine Köstlichkeiten zu moderaten Preisen. *Tgl. 11–15 und 18–24, im Winter Fr/Sa 18.30–23 Uhr | Via Scoscesa | Mobiltel. 33 58 39 37 22 | www.enotecadella fortezza.com*

▶ *Ape Elbana* ist das älteste und preiswerteste Hotel der Insel: sehr einfach, mit der besten Aussicht auf die Piazza und ganzjährig geöffnet. *24 Zi. | Salita Cosimo de Medici 2 | Tel. 05 65 91 42 45 | www.apeelbana.it*

▶ Für Liegestuhl, Sonnenschirm und Umkleidekabine werden im Sommer bei jedem *stabilimento balneare* am Strand bis zu 27 Euro/Tag verlangt! Kostenlos ist die frei zugängliche *spiaggia libera* nebenan – mit eigenem Sonnenschirm und Handtuch.

AM ABEND

Das Nachtleben verteilt sich über die ganze Insel. An vielen Stränden gibt es Diskotheken, die von den großen Hotels oder aber von einzelnen Pizzeriabesitzern betrieben werden. An den abendlichen Treffpunkten in Portoferraio treffen sich vor allem einheimische junge Leute und weniger Touristen. Eingeläutet wird die Nacht gern bei einem Drink in einem der Cafés an der *Piazza della Repubblica*.

L'ANGOLO BAR (U E3) (*Ø ue3*)

Hier fühlt man sich im Nu wie in einer Großstadt: coole Atmosphäre, kleine Snacks und eine gute Weinauswahl zu angenehmer Musik! *Tgl. bis spät in die Nacht | Via Vittorio Veneto 7*

CAFFÈ ROMA (U E3) (*Ø e3*)

Bar und Restaurant, berühmt für das hausgemachte Eis, verwandeln sich Mitte Juni bis Ende September in eine Pianobar. Dann gibt es zwei- bis dreimal wöchentlich Livemusik. *Tgl. 7–24 Uhr, ganzjährig geöffnet | Piazza Cavour 13*

INFERNO PUB (121 D2) (*Ø J4*)

Auch für die nicht mehr ganz Jungen ein Lokal, um den Abend zu verbringen.

Trattoria und Weinstube mit Musik (ab 23 Uhr) im Inneren, draußen sitzen Sie in einem schattigen Garten. *Tgl. ab 20 Uhr bis in die frühen Morgen | Ortsteil Le Foci | etwa 4 km von Portoferraio Zentrum in Richtung Procchio links*

ÜBERNACHTEN

AIRONE (121 E2) (🗺 J4)
Modernes, ruhig gelegenes Hotel mit Privatstrand, Meerwasserpools, Tennisplätzen und kleinem Spa-Zentrum. Reichhaltiges Frühstücksbüffet im Preis inbegriffen! *85 Zi. | Mitte März–Okt. | 3 km südlich von Portoferraio | Ortsteil San Giovanni | Tel. 05 65 92 91 11 | www. hotelairone.info | €€€*

ACQUAMARINA ☀ (U A2) (🗺 u2)
Gut zu Fuß vom Stadtzentrum von Portoferraio aus zu erreichen, bietet dieses exponiert gelegene Hotel über dem Meer moderne Zimmer, Privatstrand und einen überdachten Parkplatz. *38 Zi. | Ostern–Sept. | Ortsteil Padulella | Tel. 05 65 91 40 57 | www. hotelacquamarina.it | €€*

MASSIMO (U B4) (🗺 b4)
500 m bis zur Altstadt, 300 m bis zum Stadtstrand Le Ghiaie. Alle Zimmer mit Klimaanlage, Hotelrestaurant mit schöner ☀ Panoramaterrasse. *67 Zi. | Jan/Feb. geschl. | Calata Italia 23 | Tel. 05 65 91 47 66 | www. elbahotelmassimo.it | €€*

SANTO STEFANO (121 E3) (🗺 K4)
Um das Haupthaus scharen sie mehrere kleine Gebäude, in denen die äußerst charmant eingerichteten Zimmer untergebracht sind. 6 km von Portoferraio und 1,5 km vom Meer entfernt, kann man sich hier perfekt erholen! *15 Zi. | Ortsteil Schiopparello | Tel. 05 65 93 31 61 | www. hotelsantostefano.eu | €€*

VILLA PADULELLA (121 D1) (🗺 J3)
Bescheidenes, aber sehr gepflegtes Haus 100 m vom gleichnamigen schönen Strand. *25 Zi. | 1 km westlich von*

Die beiden hoch gelegenen Festungen geben gut Acht auf Portoferraios Altstadt und Hafen

Fürst Demidoff erweiterte Napoleons Landsitz in San Martino um eine neoklassizistische Villa

Portoferraio | Ortsteil Padulella | Viale Einaudi 1 | Tel. 05 65 91 47 42 | www.hotelvillapadulella.it | €€

AUSKUNFT

AZIENDA PER IL TURISMO DEL L'ARCIPELAGO TOSCANO (APT)
(U A4) (*a4*)
Viale Elba 4 | ganzjährig | Tel. 05 65 91 46 71 | www.aptelba.it

ZIELE IN DER UMGEBUNG

SAN MARTINO (120 C3) (*H5*)

Das rund 6 km südwestlich von Portoferraio auf dem Weg nach Procchio gelegene Tal ist vor allem wegen der ⭐ ● Villa Napoleonica (ganzjährig Di–Sa 9–19, So 9–13 Uhr | Eintritt 3 Euro, 5 Euro für Sammelticket mit drei Tagen Gültigkeit für Villa dei Mulini in Portoferraio und San Martino, Eintritt frei für Besucher unter 18 und über 60 Jahren | Via di San Martino), auch Villa San Martino genannt, einen Besuch wert. Die lange Allee, das schöne, schmiedeeiserne Gitter und vor allem die neoklassizistische Fassade mit der Säulenhalle wurden erst 32 Jahre

nach Napoleons Tod von einem seiner glühendsten Verehrer, dem Fürsten Anatolio Demidoff, hinzugefügt.

In der ursprünglichen, eher bescheidenen Villa dahinter können Sie unter anderem den originellen Ägyptischen Saal, den Schlafraum des Kaisers, den Speisesaal und sein Arbeitszimmer besichtigen. Die nahe gelegene, zum Parkhotel Napoleone (64 Zi. | April–Okt. | Tel. 05 65 91 11 11 | www.parkhotelnapoleone.it | €€–€€€) umstrukturierte Villa des 19. Jhs. lädt zu einem ruhigen und exklusiven Aufenthalt ein: angenehme Zimmer, vorzügliches Restaurant, Pool, imponierender Park sowie Shuttle zum Privatstrand in der Bucht von Biodola.

Kurz bevor Sie wieder auf die Straße zwischen Procchio und Portoferraio stoßen, kommen Sie an eine Abzweigung mit dem Schild Valle delle Ceramiche. In diesem „Tal der Keramiken" finden Sie auf einer Fläche von fast 10 000 m² unter freiem Himmel Skulpturen und Objekte sowie vielfarbige Keramikgefäße. Der gratis zugängliche ● Giardino dell'Arte (Juni–Sept. Mo–Sa 10–12.30 und 16–19.30 Uhr | Valle di San Martino | www.italobolano.com) wurde 1965 vom elbanischen Künstler Italo Bolano angelegt; es werden hier auch Kunstseminare und Kunstkurse veranstaltet.

TERME DI SAN GIOVANNI ★ ●
(121 E2) (*J4*)

Am südlichen Stadtrand von Portoferraio in Richtung Porto Azzurro befinden sich in 5 km Entfernung die einzigen Thermalquellen (*Mitte April–Mitte Nov. Mo–Fr 8–12.30 und 16–19, Sa 8–12.30 Uhr | Ortsteil San Giovanni | Tel. 05 65 91 46 80 | www.termelbane.com*) von Elba. Mit Eisen und Schwefel angereicherter Lagunenschlamm wird in Salzwasserwannen abgelagert und zu Heilzwecken benutzt. Es gibt Kuren und Bäder gegen Arthrose, Akne, Schuppenflechte und Zellulitis, Inhalationen bei Bronchitis, Nebenhöhlenentzündungen und Nasenentzündungen, aber auch ein INSIDER TIPP ▸ gutes Wellness- und Fitnessangebot. In der Wohlfühlzone von San Giovanni gibt es Sauna, türkisches Bad und Schönheitszentrum. Thalasso-Therapien mit Meerwasser, Entspannungsmassagen und Körperpeelings sorgen für den Abbau von Stress und die Glättung der Haut. Die Anti-Stress- oder Anti-Smog-Kuren umfassen auch Unterwassermassagen und Pilates. Nachdem Sie sich von Kopf bis Fuß haben verwöhnen lassen, können Sie sich im 🕐 Schönheitszentrum mit naturbelassenen Salben und Cremes eindecken, die Thermalbad-Chef Emiliano Somigli aus dem gesunden Lagunenschlamm herstellen lässt. Die Thermen haben übrigens eine interessante Vorgeschichte: Bevor hier Menschen Linderung erfuhren, kamen die Bauern mit lahmen Maultieren, ließen sie im Heilschlamm stehen – und nahmen sie gesund wieder mit.

VILLA ROMANA DELLE GROTTE ★
(121 E2) (*J4*)

Das Ausflugsziel liegt gleich hinter Portoferraios Stadtgrenze. Hinter dem klangvollen Namen verbergen sich die von Wildkräutern überwachsenen Reste eines römischen Landhauses aus dem 1. Jh. v. Chr., das dem Präfekten Publius Acilius Attianus zugeschrieben wird. Die in den 1960er-Jahren ausgegrabenen Funde kann man heute im *Museo Civico Archeologico* besichtigen. Vom 🌿 Hügel haben Sie eine schöne Aussicht auf die gesamte Bucht von Portoferraio und – wenn Sie Glück haben – auf das entfernte Festland mit der alten Etruskersiedlung *Populonia*. *Ostern–Sept. 9–18.30 Uhr | Eintritt frei | 2 km hinter den Thermen von San Giovanni auf der linken Seite*

LEUCHTTÜRME

Seit 280 v. Chr. der erste Leuchtturm vor Alexandria an der ägyptischen Küste errichtet wurde, ist die Menschheit von Leuchtfeuern fasziniert. Einst wurden die Leuchttürme mit Holzfeuer unterhalten, heute werden moderne Energie und Technik eingesetzt. In steter Regelmäßigkeit strahlen sie bis zu 15 Seemeilen weit. Vier Leuchttürme gibt es noch auf Elba, die Sie aus Sicherheitsgründen leider nur von außen besichtigen können: im Forte Stella in Portoferraio, in der Feste Focardo in Porto Azzurro und auf der Punta Polveraia bei Pratesi. Der Turm, der vom kleinen Inselchen Scoglietto die Einfahrt nach Portoferraio sichert, ist vom Festland aus nicht zu erreichen.

DER OSTEN

Aus der eher flachen, schmalen Mitte Elbas steigt die Insel zum Osten hin schnell wieder an – im Norden zur Cima del Monte auf 516 m Höhe und im Süden zum Monte Calamita auf 413 m.

Noch immer gibt es hier Eisenerzlager, die abgebaut werden. In den vielen aufgelassenen Bergwerken, in kleinen Tälern und an Felsabbrüchen lassen sich tatsächlich noch kleine Mineralienschätze finden. Die wichtigsten Lagerstätten befinden sich am Monte Calamita, bei Ginevro, Ortano, Rio Albano, Rio Marina, Sassi Neri und Terranera. Man findet Hämatit- und Pyritkristalle, die sogar ziemlich groß sein können. Es gibt aber auch die Mineralien Baryt, Chrysokoll, Cuprit, Hedenbergit, Kupferkies, Quarz und Ilvait – letzteres benannt nach dem lateinischen Namen

für Elba. Hier im Osten Elbas treffen sich die Schürfer und die Surfer – jene, die glitzerndes Gestein suchen, und jene, die lieber auf dem Surfbrett glänzen.

CAPOLIVERI

(124–125 C–D4) (♟ L7) ⭐ **Das inmitten besonders schöner Landschaft auf der Halbinsel Calamita gelegene Bergarbeiter- und Weinbauernstädtchen (3900 Ew.) hat Atmosphäre.**

Die Altstadt sollten Sie zu Fuß erobern, in viele Gassen kommen Sie mit dem Auto nicht hinein. Capoliveri geht auf die römische Siedlung *Caput Liberum* (Freies Haupt) zurück. Sie hieß so, weil Gesetzesbrecher, die den Hügel erklimmen konn-

---

Bild: Bergdorf Capoliveri

Vom Schürfen und vom Surfen: Berge und Buchten im östlichen Elba ziehen Sommerfrischler wie Mineraliensucher an

ten, ohne gefangen zu werden, innerhalb der Stadtmauern ein freies Leben führen konnten. Von Capoliveri aus erreichen Sie den *Monte Calamita* und die hübsche Badebucht an der Südwestküste der Halbinsel INSIDER TIPP Cala dell'Innamorata, die „Bucht der Liebenden".

ESSEN & TRINKEN

In allen Restaurants ist der lokale, auf besonders mineralienreichem Boden gewachsene Capoliveri-Wein zu empfehlen.

IL CHIASSO

Abends können Sie drinnen im Restaurant oder auch im Freien sitzen und sich die Spezialitäten der Insel munden lassen – aufs Allerbeste zubereitet, aber teuer! *Di und Mitte Okt.–Ostern geschl. | Via Nazario Sauro 9 | Tel. 05 65 96 87 09 | €€€*

CONTE DOMINGO

Am schönen Strand der Innamorata werden beste Fischgerichte unter einer mit Wein bewachsenen Pergola serviert

Ende Mai–Anf. Sept. tgl. | Ortsteil Innamorata | Tel. 05 65 93 90 90 | €€

INSIDER TIPP ▶ LA TAVERNA DEI POETI ☺

Den langsamen, nachhaltigen Genüssen des Slow Food hat sich Paolo Paolini verschrieben. Auf der Karte steht alles, was das Meer hergibt: Von Muscheln über Tintenfisch bis Zackenbarsch. *Juni–Sept tgl., sonst Mi sowie Nov. und März ge-*

äußerst beliebten *Sugar Reef Music Bar (ab 23 Uhr | Ortsteil La Trappola)* auch gute Livekonzerte statt.

ÜBERNACHTEN

AGRITURISMO BIOELBA ☺

Das Insellandleben lernen Familien auf diesem Biobauernhof kennen, der nur 200 m vom Meer entfernt liegt. Urlau-

Wohin am Abend? Viele Elbaner zieht es in das rege Nachtleben von Capoliveri

schl. | Via Roma 14 | Tel. 05 65 96 83 06 | www.latavernadeipoeti.com | €€

AM ABEND

Nirgendwo sonst auf der Insel ist das ★ Nachtleben so üppig! Am besten beginnen Sie mit einem günstigen Aperitif zwischen 18 und 21 Uhr im Pub *Le Piccole Ore (9–5 Uhr | Via Pietro Gori 22)*. Dann haben Sie die Wahl: Livemusik und Wein gibt's bei *Fandango (17.30–4 Uhr | Via Cardenti 1)* direkt unterhalb der Piazza, in der *Birreria Da Peter (Via Cavour 24)* fließt das Bier vom Fass. Auf der Straße nach Morcone finden im Sommer in der

ber werden in Gästehäusern untergebracht oder können auf dem eigenen kleinen Campingplatz zelten. Natürlich gibt es Bioprodukte wie Olivenöl, Wein, Eier, Obst und Gemüse aus eigener Produktion. *Ganzjährig geöffnet | Ortsteil Straccoligno 1 | Tel. 05 65 96 82 40 | www. bioelba.it | €€*

DA PILADE

Das in einer Kolonialvilla untergebrachte Hotel bietet ein gutes Frühstücksbüffet, vorzügliche Fischküche und im Sommer Halbpension. Es verfügt auch über zwischen Olivenbäumen gelegene Apartments und ein Schwimmbad. *22 Zi.*

und 18 Apts. | Anf. April–Mitte Okt. | Ortsteil Mola | Tel. 05 65 96 86 35 | www. hoteldapilade.it | €€

GRAND HOTEL ELBA INTERNATIONAL ☀️

Der Komplex dominiert die Bucht von Porto Azzurro – mit traumhafter Aussicht, 200 m über dem Meer und mit eigenem Privatstrand. *131 Zi. | Mitte Mai–Mitte Okt. | Ortsteil Baia della Fontanella | Tel. 05 65 94 61 11 | www.elbainternational.it | €€€*

INSIDER TIPP ▶ RESIDENCE CALA DEI PEDUCELLI ☀️ ●

Am Fuß des Dorfes, ca. 1 km von der Abzweigung „Madonna delle Grazie" entfernt, befinden sich zehn modern eingerichtete Zwei- und Dreizimmerapartments, umschlossen von einem botanischen Garten, der kostenlos besichtigt werden kann (Anmeldung erforderlich). Eine wahre Entspannungsoase mit Schwimmbad und Blick auf das 300 m unterhalb gelegene Meer (Privatstrand). *Ostern–Okt. | Ortsteil*

Punta Morcone | Tel. 05 65 96 70 17 | www. caladeipeducelli.it | €€

ZIELE IN DER UMGEBUNG

INSIDER TIPP ▶ COSTA DEI GABBIANI ☀️
(125 E–F5) (*M–N8*)

Die gut 10 km entfernte, am südöstlichen Ende der Halbinsel Calamita gelegene Küste ist Naturschutz- und Erholungsgebiet mit ausgeschilderten Wanderpfaden. Über die unzugänglichen Felsen klettern wieder angesiedelte Wildziegen, durch die Macchia toben Wildschweine, und an der Steilküste brüten Tausende von Silbermöwen, was der „Möwenküste" ihren Namen gab. Der Agriturismo *Tenuta delle Ripalte (Mitte April–Mitte Okt. | Ortsteil Ripalte | Tel. 0 56 59 42 11 | www. costadeigubbiani.it | €€€)* bietet Unterkünfte aller Kategorien. Im schönen Ferienkomplex hoch über den Klippen werden zahlreiche Sportmöglichkeiten wie Tennis, Segeln, Surfen, Reiten, Mountainbiking und Angeln geboten. Shuttletransfer zum 3,5 km entfernten Strand.

⭐ **Capoliveri**
Entdecken Sie die verwinkelten Gassen des Bergarbeiter- und Weinbauernstädtchens zu Fuß → S. 46

⭐ **Nightlife**
In Capoliveri sind die Nächte lang … → S. 48

⭐ **Naregno/Forte Focardo**
Eine Festung, ein Strand und ein herrlicher Blick auf Porto Azzurro → S. 50

⭐ **Capo Stella**
Wandern Sie durch die schöne Landschaft des Kaps → S. 53

⭐ **Rio Marina**
In der Glitzerwelt: Im ehemaligen Erzverladehafen können Sie sich auf die Suche nach wertvollen und seltenen Mineralien begeben → S. 56

⭐ **Rio nell'Elba**
In der ältesten Siedlung der Insel, deren Lage hoch oben am Fels vor Piraten schützen sollte, müssen Sie unbedingt einen Blick in das historische Waschhaus werfen → S. 58

⭐ **Volterraio**
Die Ruinen der Festung halten immer noch Wacht über Stadt und Hafen von Portoferraio → S. 59

MARCO POLO HIGHLIGHTS

Geradezu orientalisch wirkt die Kuppel der Wallfahrtskiche Madonna delle Grazie

GOLFO STELLA (124 A–B 3–4) (*ⓜ K6*)
Die Stella-Bucht verfügt mit der *Spiaggia del Lido di Capoliveri* über den Hausstrand des Orts. Das ruhig gelegene *Hotel Antares (49 Zi. | Mitte April–Anf. Okt. | Tel. 05 65 94 01 31 | www.elbahotelantares.it | €€)* bietet Ihnen erstklassigen Übernachtungskomfort und Golf (9-Loch-Platz in der Nähe). Darüber hinaus finden Sie in dieser Bucht auch den großen, recht empfehlenswerten Campingplatz *Le Calanchiole (Mitte Mai–Ende Okt. | Tel. 05 65 93 34 88 | www.lecalanchiole.it | €)*, der auch Bungalows vermietet.

MADONNA DELLE GRAZIE
(124 C4) (*ⓜ L7*)
Die 3 km von Capoliveri entfernte Wallfahrtskirche erreichen Sie, wenn Sie den Ort in Richtung Morcone umfahren. Das inmitten von Weinbergen gelegene Gotteshaus ist leider meist verschlossen, und so bleibt das eindrucksvolle Madonnenbild über dem Altar, das Experten einem unbekannten Schüler Michelangelos zuschreiben, den meisten Besuchern leider verborgen.

MONTE CALAMITA 🌿
(125 D5) (*ⓜ M7*)
Der ca. 4 km von Capoliveri entfernte, 413 m hohe Hügel ist für seine reichhaltigen Vorkommen an Magnetit bekannt. Es heißt, dass es in früheren Zeiten sogar eine anziehende Wirkung auf die Kompassnadeln der die Halbinsel umfahrenden Schiffe gehabt habe, sodass sie vom Kurs abkamen.

NAREGNO/FORTE FOCARDO ⭐ 🌿
(125 E3) (*ⓜ M6*)
3 km östlich von Capoliveri liegt die idyllische Bucht von Naregno mit einem flach ins Meer abfallenden Sandstrand. Zu einem hübschen Hotel umgebaut wurde die *Villa Rodriguez (30 Zi. | Ende April–Ende Sept. | Tel. 05 65 96 84 23 | www.villarodriguez.it | €€)* aus dem 19. Jh. Das angeschlossene *Makosub Diving Center (Massimo Gennai | Mobiltel. 34 77 77 47 96 | www.makosub.it)* öffnet Ihnen die Tür zur

Unterwasserwelt, und beim *Centro Velico Naregno (Mobiltel. Silvia 33 89 24 02 01 | www.centrovelicoonaregno.it)* können Sie Segel- und Surfkurse belegen oder Kajaks und motorbetriebene Schlauchboote mieten. Am südlichen Ende der Bucht steht die 1678 erbaute Festung *Forte Focardo.* Ein Besuch der Burg, in die heute die italienische Küstenwacht eingezogen ist, lohnt schon wegen des herrlichen Ausblicks auf die gegenüberliegende, äußerst fotogene Festung S*an Giacomo di Longone* bei Porto Azzurro, die jedoch heute als Gefängnis dient und daher nicht zu besichtigen ist.

CAVO

(123 E2) *(∅ M1)* **Wie Mauerreste belegen, war Cavo schon zu Zeiten der Römer besiedelt und hat auch heute noch eine ganz eigene Atmosphäre.**

Nur rund 400 Einwohner, kaum Touristen sowie eine ungewöhnliche Stille verleihen dem kleinen Ferienort einen Hauch von Melancholie.

ESSEN & TRINKEN

DA SERGIO

Sehr populäres Restaurant mit guten Fischgerichten und guter Pizza. Die angeschlossene **INSIDER TIPP** **Strandbar** wird in den Abendstunden zum Treff für junge Leute. *Mi und Nov.–Ostern geschl. | Lungemare Michelangelo 25 | Tel. 05 65 94 97 92 | €€*

HEMINGWAY

In diesem Irish Pub kann man gemütlich mit einem kühlen Guinness auf der Terrasse sitzen und auf den Hafen blicken. Auch Restaurant. *Tgl. bis 4 Uhr nachts | Via Michelangelo 46/48 | Mobiltel. 32 92 31 57 38 | €*

ÜBERNACHTEN

GINEVRA

Das einfache Hotel hat ein nettes Restaurant und ist voll klimatisiert. *30 Zi. | April–Sept. | Via Alcide De Gasperi 63 | Tel. 05 65 94 98 45 | www.albergoginevra.it | €*

MARISTELLA

Sehr familiär geführtes Haus inmitten eines Pinienhains direkt am Strand von Cavo. *24 Zi. | Mitte Juni–Mitte Sept. | Lungomare Kennedy 1 | Tel. 05 65 94 98 59 | www.hotelmaristella.com | €€–€€€*

PIEROLLI

Ruhig gelegenes Hotel mit Garten, Parkplatz, gutem Restaurant und nur wenige Minuten vom Strand entfernt. *22 Zi. | April–Sept. | Tel. 05 65 93 11 88 | www.hotelpierolli.it | €€*

ZIEL IN DER UMGEBUNG

CAPO CASTELLO ☆ **(123 E1)** *(∅ M1)*
Die nördlich aus Cavo führende Asphaltstraße durchquert einen Pinienwald und endet nach rund 1 km am Kap bei den Überresten einer römischen *Villa.* Von dort bietet sich ein guter Blick auf die vorgelagerte *Isola dei Topi* (Insel der Mäuse). Zwischen dem *Capo Castello* und dem *Capo Vita* liegt eine schöne Badebucht mit breitem Strand.

LACONA

(121 D5) *(∅ J6)* **Das Badeparadies ist kein gewachsener Ort, sondern ein Touristenzentrum.**

Am Golf von Lacona gibt es eine große Auswahl an Hotels, Ferienhäusern und Campingplätzen. Der breite, fast 2 km lange Sandstrand lockt jährlich Campingurlauber zu Zehntausenden an.

LACONA

ESSEN & TRINKEN

PIZZERIA ANGIÒ

Inmitten der Spiaggia Grande erhalten Sie unter einer hundertjährigen Schirmpinie zur Hauptsaison schon mittags eine **INSIDER TIPP** Holzofenpizza – knusprig und preiswert. Im Restaurant vor allem Fisch und hausgemachte Nudeln. *März–Okt. | Via del Pinone 144 | Tel. 05 65 96 44 12 | €*

TRE ARCHI

Nett gelegenes Lokal mit preiswerter Hausmannskost: Empfehlenswert die Vorspeise aus Meeresfrüchten. *April–Okt. Via del Moletto 56 | Tel. 05 65 96 41 68 | €€*

STRÄNDE

BAGNI ORANO (121 D5) (⌘ H6)

Außer Umkleidekabinen und Duschen bietet das Strandbad seinen Gästen einen WLAN-Anschluss und einen nur wenige vom Sandstrand entfernten Privatparkplatz. Zudem gibt es einen Tretboot- und Kanuverleih *(April–Okt. | Via del Pinone | Tel. 05 65 96 44 30 | www. bagniorano.com).*

SPIAGGIA GRANDE (121 D5) (⌘ H–J6)

Der breite, fast 2 km lange Sandstrand lockt jährlich Urlauber zu Zehntausenden an. Es gibt ein breites Freizeitangebot von Surfbrett- und Tretbootverleih bis Wasserski. In den Strandbädern fallen für zwei Liegen und einen Sonnenschirm im Schnitt 25 Euro pro Tag an.

AM ABEND

ESSENZA

Tagsüber werden in diesem in Strandnähe gelegenen Lokal leckere Gerichte und Eisbecher serviert, abends verwandelt das Essenza sich zum Tanzschuppen. Spezialitäten: House-Musik und Klänge der 1990er-Jahre. *Viale dei Golfi 1*

ÜBERNACHTEN

CAMPING STELLA MARE

Dieser schöne, von Wienern geführte Campingplatz bietet Ihnen Naturcam-

Breiter Strand mit feinem Sand – Lacona ist zur Saison ganz auf den Tourismus eingestellt

ping auf einer ins Meer ragenden Landzunge. Die Zelte stehen schattig unter
Bäumen. Mit direktem Zugang zu einem
Sand- und einem Kieselstrand. *Mitte
April–Mitte Okt. | Tel. 05 65 96 40 07 |
www.stellamare.it*

CAMPING VALLE SANTA MARIA ☺

Auf Solarenergie und Wassersparen setzen die Betreiber dieses Ökocamping-
platzes, auf dem Sie auch Ferienwoh-
nungen buchen können. Es gibt einen
Kinderspielplatz, Massageangebote und
ein breites Sportangebot. *April–Okt. | Via
del Mare 91 | Tel. 05 65 96 41 88 | www.
vsmaria.it | €*

INSIDER TIPP **RESIDENCE ITELBA**

Am herrlichen Strand von Norsi liegen
inmitten üppiger Vegetation 13 Apartments. Hier haben Sie die Gelegenheit
zum Tandemfliegen mit einem Gleit-
schirm. *April–Mitte Okt. | Ortsteil Norsi |
Tel. 05 65 94 00 96 | www.itelba.it | €*

ZIELE IN DER UMGEBUNG

CAPO STELLA ⭐ 🌿
(121 D–E6) *(ﻻ J7)*

Etwa zwei Stunden brauchen Sie zu Fuß,
um an den ca. 5 km entfernten östlichen
Endpunkt der Lacona-Bucht zu gelangen,
die Spitze der Halbinsel Stella. Am besten gehen Sie am Osthang der Halbinsel
entlang, wo Sie immer wieder prächtige
Ausblicke auf die Halbinsel *Calamita*
haben.

MADONNA DELLA LACONA
(121 D4) *(ﻻ H6)*

Abwechslung von Sand und See finden
Sie in der schlichten Kalkstein-Wallfahrts-
kirche aus dem 16. Jh. Die auch *Madonna della Neve* genannte Kirche liegt nur
etwa 1 km von der Hauptstraße entfernt
im Inselinneren.

PORTO AZZURRO

(125 D2–3) *(ﻻ M6)* **Den Namen „Blau-
er Hafen" bekam der nach Portoferraio
wichtigste Hafen Elbas erst nach dem
Zweiten Weltkrieg. Vorher trug er der
nahen Festung Forte San Giacomo di Longone wegen den Namen *Porto Longone*.**
Weil aber die Festung das flächenmäßig
größte Gefängnis Italiens ist und die
Redewendung „einen Besuch in Porto
Longone machen" italienweit die Bedeutung „in den Knast gehen" besitzt,
tauften kluge Tourismusmanager den
Ort kurzerhand um.

Obwohl das Städtchen (3600 Ew.) selbst
keinen Strand hat, ist es ein außerordent-
lich beliebter Urlaubsort. Das liegt hauptsächlich an dem hübschen Stadtbild und
der quirligen *Piazza Matteotti* direkt am
Hafen. Von ihr gehen viele Gassen mit
Geschäften, Bars und Restaurants ab.
Von Juni bis September verbindet täglich
ein Strand-Shuttle *(8–1 Uhr | pro Fahrt 2
Euro | Tel. 05 65 96 76 11)* Porto Azzurro
mit den umliegenden Stränden Lido,
Naregno und Straccoligno.

SEHENSWERTES

LA PICCOLA MINIERA/MUSEO MINERARIO ETRUSCO

Die naturgetreue Nachbildung eines
250 m langen Streckenabschnitts aus
einem elbanischen Bergwerk mit Bau-
und Schürfstellen, Felsen und Grotten
ist interessant, da alle ausgestellten
Teile Originalobjekte sind. Ein kleiner
Zug fährt die Besucher im Abstand von
30 Minuten etwa 15 Minuten lang durch
die Ausstellung. Sie können auch bei der
Bearbeitung von Mineralien zuschauen.
Im angefügten Museum wird die Bedeu-

tung der Etrusker für die Insel dargestellt. *April/Mai/Sept. 9–13 und 14.30–19 Uhr, Juni–Aug. 9–20 Uhr | Ortsteil Pianetto | Via Provinciale Est | Tel. 0 56 59 53 50 | Eintritt kompletter Rundgang 9 Euro, nur Mine 7 Euro, nur Museum 4 Euro | www. lapiccolaminiera.it*

ESSEN & TRINKEN

INSIDER TIPP LA BOTTE GAIA ☺

Stilvolle Osteria mit hochwertigen Zutaten in bester Tradition des Slow Food: Tintenfisch-Nudeln und Wildschwein-Roastbeef mit Walnüssen schmecken einfach himmlisch. *Di–So | Viale Europa 5–7 | Tel. 0 56 59 56 07 | www. labottegaia.com | €€–€€€*

LOW BUDG€T

▶ Im Herzen des Dörfchens Capoliveri kann man besonders preiswert im hübschen *Golfo Azzurro* wohnen. *8 Zi. | Juni–Sept. | Via C. Appiani 5 | Tel. 05 65 96 81 67, Mobiltel. 38 99 72 64 53 | www.golfoazzurro.it*

▶ *Camping Canapai* ist ein naturbelassener und gepflegter Campingplatz mit Pool, oberhalb der bezaubernden Bucht von Ortano. *Ortsteil Ortano 14 | Tel. 05 65 93 91 65 | www. campingcanapai.it*

▶ In der *Rosticceria Da Ciccio* in Porto Azzurro holen Sie sich das Essen selbst und setzen sich an einen der Tische in der schattigen Gasse: praktisch und preiswert! *April–Mitte Sept. tgl. 8–22, sonst 9–13.30 und 17–20 Uhr, Mitte Jan.–Mitte Feb. geschl. | Via Cavallotti 12*

CECCONI ☺

Diese traditionell im Stil des frühen 20. Jhs. eingerichtete Locanda setzt auch kulinarisch auf Tradition: Brötchen und Snacks werden mit naturbelassenen Zutaten zubereitet, dazu gibt es frisch gezapftes Bier. *Via Ricasoli 21 | Mobiltel. 32 91 38 11 59 | €*

INSIDER TIPP EL CURANDERO

Besuchen Sie Luca in seinem hübschen mexikanischen Lokal mit Tischen auf der kleinen Altstadtpiazza. Es gibt Weine, Drinks, karibisch und fruchtig, und zum Aperitif von 18–22 Uhr leckerste Tapas. *April–Nov. tgl. 18–2 Uhr | Via Ricasoli 24 | Tel. 0 56 59 55 88 | €*

DA FLORIANO

Der hübsch gelegene Familienbetrieb in der Altstadt lockt mittags und abends mit guter elbanischer Küche. *Mitte Juni–Mitte Sept. tgl., sonst Mi geschl. | Via Ricasoli 35 | Tel. 0 56 59 50 92 | €€€*

EINKAUFEN

INSIDER TIPP ARRIGHI ☺

Seit den Anfängen des 19. Jhs. produziert die Familie Arrighi am Fuß der Hügel bei Porto Azzurro die naturbelassenen Weine der Insel: Auf dem roten Boden der an Eisenerzen reichen Insel gedeihen die Trauben für den nicht umsonst als Nektar bezeichneten *Aleatico,* einen süßen Dessertwein der Spitzenklasse. Außerdem stellt Antonio Arrighi den hervorragenden Weißwein *Ilagiù* her und schenkt auch den roten *Centopercento* aus. Nach der Weinprobe auf dem malerisch gelegenen Landgut können Sie sich nicht nur mit den typischen Tropfen, sondern auch mit allerbestem Bioolivenöl made in Elba eindecken. *Ortsteil Pian del Monte | Mobiltel. 33 56 64 17 93 | www.arrighi vigneolivi.it*

Porto Azzurro: reich an Straßencafés, Restaurants und kleinen Geschäften

GIANNINI

Hier gibt es Rohsteine, Schmuck und andere Gegenstände aus Mineralien und Halbedelsteinen. Hinter dem Laden können Sie auch die Werkstatt und eine kostenlose ● Mineralienausstellung im eigenen Museum besichtigen. *Viale Italia 2 | www.gianniniminerali.it*

INSIDER TIPP ▶ LABORATORIO DI CERAMICA

In einer etwas abgelegenen Gasse liegt die Werkstatt von Talò und Livia, die hier traditionelle toskanische Majolika und stilvolle Raku-Objekte kreieren. In der Nebensaison auch individuelle Keramikkurse. *Via Sant' Anna 57 | Tel. 05 65 92 00 99 | www. bamboledellabottegascura.il*

SOGEST

Großes Sortiment an Weinen, Grappa, feinstes Olivenöl, verschiedene Essigsorten sowie Salami, Schinken, Käse, Honig, Marmelade und vieles mehr – alles von bester Qualität! *März–Okt. | Viale Italia 12 und Via Solferino 8*

STRÄNDE

SPIAGGIA DI BARBAROSSA

(125 E2–3) (*M6*)

An diesem Strand soll der berüchtigte Pirat gleichen Namens im 16. Jh. gelandet sein und von hier seine Streifzüge gestartet haben. Heute bietet der etwa 150 m lange Abschnitt eine recht gute Infrastruktur mit Bars und diversen Freizeitmöglichkeiten – ein Strandbad mit Duschen und Umkleidekabinen gibt es allerdings nicht. Zu Unterwasserausflügen lädt das Tauchzentrum *Omni Sub* (*Mobiltel. 33 55 73 55 36 | www.omnisub. com*) ein.

SPIAGGIA PIANOTTA ☼

(125 D3) (*M6*)

Ganz in der Nähe des Fahranlegers befindet sich dieser kleine Kieselstrand. Wassersportanbieter gibt es nicht, dafür aber gastronomische Angebote und den schönsten Blick über den Golf von Porto Azzurro.

AM ABEND

MORUMBI
Diskothek, Bar und gleichzeitig Restaurant mit brasilianischer Küche – ideal, um einen Sommerabend etwas außerhalb zu verbringen! *April–Mitte Okt. Di–So | Ortsteil Mola | bei der Abzweigung nach Capoliveri*

ÜBERNACHTEN

BELMARE ❀
Zentral gelegenes Haus mit Restaurant und Blick auf den Hafen. *25 Zi. | Anf. März–Anf. Nov. | Banchina IV Novembre 21 | Tel. 0 56 59 50 12 | www.elba-hotelbelmare.it | €*

DUE TORRI
Kleines, freundliches Familienhotel mit gutem Restaurant. *22 Zi. | April–Okt. | Via XXV Aprile 3 | Tel. 0 56 59 51 32 | www.elbaresidence.net | €*

PLAZA ❀
Alle Zimmer haben Meerblick in diesem Hotel kurz außerhalb des Orts. *28 Zi. | ganzjährig | Ortsteil Fanaletto | Tel. 0 56 59 50 10 | www.hotelplaza-elba.com | €€€*

ZIELE IN DER UMGEBUNG

MADONNA DI MONSERRATO
(125 D2) *(ᵔᵔ L5)*
Diese leider zumeist verschlossene Wallfahrtskirche aus dem 17. Jh., eine Miniaturausführung des berühmten spanischen Klosters, erreichen Sie, wenn Sie von der Straße nach Rio Marina nach etwa 1 km links die ausgeschilderte Abzweigung nehmen. *Vom Parkplatz noch etwa 15 Minuten zu Fuß*

RIO MARINA

(123 E4) *(ᵔᵔ N3–4)* ⭐ **Der ehemalige Erzverladehafen besitzt einen besonderen Charme. An den Häuserfassaden rund um die von Platanen gesäumte Hauptstraße schimmert der eisenhaltige Mörtel in Rottönen durch.**
An anderen Stellen funkeln die im Stein enthaltenen Mineralien noch. Ein untrügliches Zeichen, dass Rio Marina (2200 Ew.) am Rand eines reichhaltigen Mineraliengebiets liegt.

SEHENSWERTES

PARCO MINERARIO ISOLA D'ELBA
Im *Palazzo del Burò* befindet sich ein sehr informatives *Bergbaumuseum (tgl. 9.30–12.30 und 16.30–18.30 Uhr | Eintritt 2,50 Euro | Via Magenta 26)*. Hier erhalten Sie Tickets für Führungen, die mit dem 🟠 Zug *(von Mai–Sept. fährt die Minenbahn tgl. nach Vorbestellung | 1,5 Std. | Tickets im Museum an der Via Magenta 26 | 12 Euro | www.parcominelba.it)* durch eine aufgelassene *Tagbaustelle* 1 km nördlich von Rio Marina in Richtung Cavo gemacht werden. Der von der Unesco zum Welterbe bestimmte 🔵 *Mineralienpark* enthält über 150 verschiedene Arten von Gesteinen. Sie dürfen dort selbst nach Mineralien suchen – die freundlichen Zugbegleiter verteilen Hammer und helfen bei der Suche nach glitzernden Gesteinsbrocken!

ESSEN & TRINKEN

LE FORNACELLE
Pizza und reelle Küche der Insel – bei ebensolchen Preisen – können Sie auf

einer Terrasse zum Meer hinaus genießen. Besonders empfehlenswert in diesem Lokal: die typisch elbanische *sburrita di baccalà*, eine echte Stockfischdelikatesse. *Tgl. | Ortsteil Fornacelle | Tel. 05 65 93 11 05 | €–€€*

DA ORESTE/LA STREGA
Dieses das ganze Jahr über geöffnete Restaurant wird vor allem von Einheimischen besucht. Empfehlenswert sind der Carpaccio aus Thunfisch und die Tintenfisch-Gnocchi. Außerdem gibt es eine schöne ☘ Terrasse mit Meerblick. *Di–So | Piazza Vittorio Emanuele 6 | Tel. 05 65 96 22 11 | €€€*

EINKAUFEN

LA GROTTA
Der Shop für Sammler und Schmuckliebhaber: Gleich neben dem Bergbaumuseum finden Sie dieses Mineraliengeschäft mit einer großen Auswahl an Steinen von der Insel, aber auch mit Mineralien aus aller Welt. *Via Magenta 18 | www.elbashop.com*

STRÄNDE

CALA SEREGOLA
(123 F3) (*ⴅ N2*)
Beliebt bei Sonnenanbetern ist dieser dunkle Sand-Kies-Strand, der rund 5 km von Rio Marina entfernt auf dem Weg nach Cavo liegt und mit dem Auto bequem erreichbar ist.

SPIAGGIA TOPINETTI
(123 F3) (*ⴅ N2*)
Fahren Sie gute 3 km auf der Straße nach Cavo und Sie erreichen diesen etwa 200 m langen Strand. Der dunkle Sand, weiße große Steine und das kristallklare Wasser bilden hier einen herrlichen Kontrast.

Gute Infos über Mineralien gibt es im Parco Minerario von Rio Marina

AM ABEND

BIRRA DELL'ELBA
Die Insel hat ihre eigene Brauerei; eine Spezialität ist das Kastanienbier, das Sie unbedingt testen sollten. In diesem Pub können Sie alle Biersorten probieren und Ihre Favoriten im Shop kaufen. *Mi–Mo 18–2 Uhr | Via Claris Appiani 1–5 | www.birradellelba.it*
Hergestellt wird das Elba-Bier in Rio dell'Elba, an der Via Garibaldi 16 befindet sich die winzige Brauerei von *Birra dell'Elba.*

ÜBERNACHTEN

MINI HOTEL EASY TIME ☘
Eine herrliche Aussicht ins Landesinnere und zum 500 m entfernten Meer besitzen Sie von Zimmern und Apartments sowie der Terrasse des kleinen Hotels mit familiärer Atmosphäre. *10 Zi. | ganzjährig | Via*

Panoramica 8 | Tel. 05 65 96 25 31 | www.
minihotelelba.com | €–€€

RIO SUL MARE

Mit Bar, Restaurant und Privatstrand im
Palazzo aus dem 19. Jh. Im Übernach-
tungspreis ist das Frühstück inbegriffen.
Freier WLAN-Zugang. 35 Zi. | April–Okt. |
Via Palestro 34 | Tel. 05 65 92 42 25 | www.
hotelriomarina.com | €€

RIO NELL'ELBA

(123 D4) (*M3–4*) ⭐ Nur etwa 2 km
landeinwärts kleben in 174 m Höhe die
Häuser von Rio nell'Elba (1200 Ew.).
Historikern zufolge handelt es sich bei
Rio um die älteste Ansiedlung auf der
Insel. Pirateneinfälle durch die Jahr-
hunderte erklären den festungsartigen
Charakter des Orts.

Noch immer ist Rio ein idealer Ausgangspunkt für die Erforschung des Nordteils
der Insel. Sehenswert auf dem nahe gelegenen Monte Serra ist der botanische
Garten de Eremo di Santa Caterina, in
dem Heilkräuter und seltene endemische
Pflanzen Elbas wachsen.

SEHENSWERTES

INSIDER TIPP▶ LAVATOIO

Absolut sehenswert ist das historische
Waschhaus, in dem die Frauen früher die
extrem verdreckte Kleidung der Bergleute gereinigt haben. Es wurde restauriert
und kann besichtigt werden. Im Inneren
sind historische Fotos ausgestellt. Valle
dei Mulini

MUSEO ARCHEOLOGICO

Ausgestellt sind mehr als 700 verschiedene Mineralien von der Insel. Das

Museum an der Via Mazzini erzählt die
Geschichte des Bergbaus auf Elba im
Laufe der Jahrhunderte. April–Sept. Mo/
Di/Fr 9–13, Do/Sa/So 11–19 Uhr | Eintritt
2,50 Euro

ESSEN & TRINKEN

DA CIPOLLA

Traditionsreiche Gerichte und hausgemachte Teigwaren sind Davide Car-
lettis Stolz. An der Piazza del Popolo.
Juni–Sept. tgl., sonst Mo geschl. | Tel.
05 65 94 30 68 | €€

ZIELE IN DER UMGEBUNG

BAGNAIA (122 C4) (*K4*)

Ein kleines Fischerdorf samt Kieselstrand
gut 10 km westlich von Rio nell'Elba, wo
eine deutschsprachige Segelschule (Se-
gelzentrum Elba | April–Mitte Okt. | Tel.
05 65 96 10 90; Tel. Deutschland 02236
6 55 05 | www.segelferien.de) mit Apart-
ments ihren Sitz hat. Im nahen Agritu-
rismo Due Palme (ganzjährig | Ortsteil
Schiopparello | Tel. 05 65 93 30 17 | www.
agriturismoelba.it | €€–€€€) liegen
verstreut zwischen Oliven- und Frucht-
bäumen fünf individuell eingerichtete
Zwei- bis Fünfbettapartments und ein
Tennisplatz. In der im Grünen gelegenen
Anlage Sant'Anna del Volterraio (Ende
Mai–Ende Sept. | Tel. 05 65 96 12 19 |
www.volterraio.it | €€–€€€) können
Sie entweder in den 18 Zimmern des
Hotels oder in den Mini-Apartments der
Residence Ihren Urlaub verbringen.

MAGAZZINI (122 C5) (*K4*)

Im 9 km entfernten Magazzini liegt eine
der wenigen erhaltenen romanischen
Kirchen der Insel, Santo Stefano. Im
renommierten INSIDER TIPP▶ Weingut
La Chiusa (Sommer tgl. 8–12.30 und
16–20, Winter Mo–Sa 8–12.30 Uhr | Tel.

05 65 93 30 46 | www.tenutalachiusa.it) können Sie Elbas edle Tropfen probieren (und kaufen!) und sich von Ostern bis Oktober in eines der zehn gemütlichen Apartments *(€)* einmieten.

Von hier erreichen Sie auch den *Giardino Botanico dell'Ottone (Mitte April–Sept. tgl. 8–20 Uhr | Eintritt 1,50 Euro)*, einen rund 10 000 m² großer Palmengarten, in dem neben zahlreichen seltenen tropischen

Palmengekrönt: La Chiusa in Magazzini ist das bekannteste Weingut Elbas

OTTONE (122 C5) (*ω K4*)

Der Ort ist durch das in einem Park gelegene exklusive **INSIDER TIPP** Hotel *Villa Ottone (70 Zi. | Ende April–Anf. Okt. | Ortsteil Ottone | Tel. 05 65 93 30 42 | www. villaottone.com | €€€)* mit eigenem Strand und Bootsanlegeplatz bekannt. Die mit Fresken verzierten Decken der Villa, die edle Einrichtung, und die zum Meer führenden Terrassen verleihen diesem Domizil eine ganz besondere Atmosphäre.

Vom grünen und schattigen Campingplatz *Rosselba Le Palme (Mitte April–Anf. Okt. | Ortsteil Ottone | Tel. 05 65 93 31 01 | www.rosselbalepalme.it)* mit Tennisplatz und Pools sind es 300 m zum Strand. Auch Apartments *(€€)* werden vermietet.

Pflanzen das einzige Exemplar Europas der blauen Palme *(Encephalartos)* zu sehen ist.

VOLTERRAIO ★ ● ☘
(123 D5) (*ω L4*)

Die mächtige Festung aus dem 13. Jh. beschützte Bucht und Hafen von Portoferraio und wurde niemals bezwungen. Etwa 5 km von Rio nell'Elba auf der Straße nach Magazzini stoßen Sie rechts auf einen kleinen Parkplatz (schlecht gekennzeichnet!). Ein steiler Fußweg führt in einer guten halben Stunde zu den grandiosen Überresten der Festung mit herrlicher Aussicht. Achtung: Festes Schuhwerk ist zu empfehlen, und kleine Kinder sollte man lieber nicht mitnehmen.

DER WESTEN

Elbas Westen ist die reizvollste Region der Insel. Hier gibt es Berge, schattige Wälder und schöne Buchten. 1018 m hoch ragt hier der Monte Capanne auf. Das durch Verwitterung abgetragene Granitgebirge bildet mit seinen Felsburgen, Glockenbergen und Riesenhohlblöcken eine geologische Fundgrube. Vom Gipfel des Monte Capanne aus verlaufen in strahlenförmiger Anordnung Täler hinunter zur Küste. An den größeren Ausläufern wie der Valle di Pomonte, dem Fosso di Vallebuia und dem Fosso di Marciana gibt es einladende Buchten und Strände. Oft ist es in der Hochsaison beinahe unmöglich, einen Parkplatz in unmittelbarer Nähe des Strands zu finden. Stellen Sie sich also vor dem Sprung ins Meer auf einen kleinen Fußmarsch ein! Nur vom Wasser aus zu erreichen sind die romantischen kleineren Buchten mit steilen, bis zu 100 m hohen Felswänden.

CAMPO NELL'ELBA

(119 E–F 4–5) (🗺 E–F 6–7) **Oberhalb des *Golfo di Campo* erstreckt sich die über 200 m hoch gelegene Ebene von *Campo nell'Elba* (4200 Ew.) mit den beiden Orten *San Piero in Campo* und *Sant'Ilario in Campo*.**
Die Menschen in den Bergen sind zurückhaltender, aber wenn man ihnen höflich entgegentritt, zeigen sie schnell freundliche Hilfsbereitschaft. Mit etwas Geduld

Vom Berg und seinen Tälern: Der Monte Capanne wacht über Elbas westlichen Teil mit den meisten und schönsten Stränden

erfahren Sie, wie Sie zu einem der vielen aufgelassenen Steinbrüche gelangen.

SEHENSWERTES

PIAZZA DI SAN PIERO IN CAMPO

Der Hauptplatz von San Piero in Campo ist ausnahmsweise einmal nicht, wie sonst auf Elba üblich, der Kirchplatz. Direkt am Eingang von San Piero, das Sie über verwinkelte Treppen nur zu Fuß erkunden können, finden Sie diese von Platanen umstandene Piazza, die den Einheimischen Treffpunkt und Nachrichtenbörse zugleich ist.

SAN GIOVANNI

An der Straße nach Marciana, etwa 3 km westlich von Sant'Ilario in Campo, bildet der auf einem Granitfelsen erbaute pisanische Wachturm aus dem 12. Jh. ein **INSIDER TIPP** gutes Fotomotiv. Kurz darauf finden Sie gegenüber die noch erhaltene Fassade und die Reste einer kleinen romanischen Kirche. Beide sind San Giovanni geweiht.

Treppenreich: Marciana Alta, der wohl älteste durchgehend bewohnte Ort Elbas

CHIESA DI SAN NICCOLÒ ⭐

Seltenerweise besitzt die romanische, ehemals *Santi Pietro e Paolo* genannte Kirche am Südende von San Piero di Campo zwei gleich große Schiffe – je mit einem Altar. Es heißt, dass sie Ende des 7. Jhs. auf den Resten eines altrömischen Tempels aus der Zeit Oktavians (27 v. Chr. zum Kaiser Augustus gekrönt) erbaut wurde. Das Innere der Kirche mit beachtenswerten Fresken (14./15. Jh.) kann nur während Gottesdiensten und Beichtstunden besichtigt werden. Vom Kirchplatz reicht der Blick über den Osten der Insel und mit ein wenig Glück auch bis nach Giglio und Montecristo!

ESSEN & TRINKEN

LA CAVA

Auf der Terrasse mit Meerblick wird an Sommerabenden auch Pizza serviert. Gute elbanische Küche. *Ostern–Sept. tgl., sonst Mi und Dez./Jan. geschl. | Via degli Alberi 26 | Sant'Ilario | Tel. 05 65 98 33 79 | €–€€*

LA ROSA

Fragen Sie im Hotel nach dem nur wenige Schritte entfernten Restaurant *L'Ottavo.* Zu den Spezialitäten des Hauses zählt neben Pizza der Fischeintopf *cacciucco! 10 Zi. | ganzjährig | San Piero | Piazza Gadani 76 | Tel. 05 65 98 31 91 | www.larosahotel.it | €*

ZIEL IN DER UMGEBUNG

LA PILA (119 F4) (*Ø F6*)

Auf der Verbindungsstraße von Procchio nach Campo nell'Elba liegt beim Ort La Pila der winzige Flughafen der Insel. Nicht weit entfernt – jedoch außerhalb der Einflugschneise – finden Sie den *Ag-*

riturismo Il Micio (Mai–Sept. | ganzjährig | Ortsteil I Marmi | Tel. 05 65 96 30 06 | www.agriturismoilmicio.it | €€), in dem Sie die Gastfreundschaft von Sergio und seiner Familie genießen können. Hier werden auch Olivenöl, Wein und Likörwein aus eigener Herstellung verkauft.

MARCIANA ALTA

(119 D2) *(ﬄ D5)* ⭐ **Poggios direkter Nachbarort (2200 Ew.) ist die älteste ständig bewohnte Gemeinde Elbas.**
Die Pisaner bauten im 12. Jh. die Stadtmauern und die Fortezza, die heute am höchsten Punkt des Orts liegt. Im Sommer ist der Innenhof des Forts beeindruckender Schauplatz für festliche `INSIDER TIPP` ▸ Open-Air-Konzerte. Vor der Fortezza gibt es auch die besten Parkmöglichkeiten.

SEHENSWERTES

BESUCHERZENTRUM NATIONALPARK TOSKANISCHER ARCHIPEL
Ganz in der Nähe der Festung liegt das Besucherzentrum des Nationalparks Toskanischer Archipel. Schautafeln informieren über Flora und Fauna. Zudem sind Wanderkarten und Broschüren erhältlich. *Mitte Juni–Mitte Sept. Mo–Sa 15–20, Mitte April–Mitte Juni und Mitte Sept.–Ende Okt. Do–Sa 10–13 und 15–18, So 15–18 Uhr | www.islepark.it*

ESSEN & TRINKEN

MONILLI ☘
Guten Wein, leckere Brötchen und Salate sowie einen herrlichen Blick auf den Monte Capanne gibt es in der Enoteca Monilli. *Juni–Aug. tgl., sonst Mo und im*

Winter mittags geschl. | Via del Pretorio 64 | Tel. 05 65 90 11 72 | €*

OSTERIA DEL NOCE ☘
Dem Slow Food hat sich dieses Lokal verschrieben: Wer hier die ausgezeichnete Küche genießt, kann seinen Blick sogar weit übers Meer schweifen lassen. *Mitte März–Sept. | Via della Madonna 14 | Tel. 05 65 90 12 84 | www.osteriadelnoce.it | €€*

EINKAUFEN

`INSIDER TIPP` ▸ IL CAPEPE
Köstliche Mitbringsel wie etwa Zitronen-Rosmarin-Marmelade oder auch Konfi-

---

türe aus roten Zwiebeln sind in diesem Ladenlokal zu haben. Sie können sich nicht vorstellen, dass das schmeckt? Keine Sorge, vor dem Kauf der Inselaromen dürfen Sie probieren. *Via del Pretorio 2 | www.ilcapepe.com*

INSIDER TIPP UNZIPÒ

Abtauchen ins modische Mittelalter: In diesem winzigen, nach einem Elfen benannten Geschäft werden Schuhe und Taschen nach mittelalterlichen Vorbildern verkauft. Alles Handarbeit und lauter sagenhaft schöne Kreationen! *Piazza della Gogna 3 a | www.unzipo.it*

ÜBERNACHTEN

VALLE DEI MULINI
Chiara und Emilio haben ihr Haus in ein gemütliches Bed & Breakfast umgewandelt. *5 Zi. | April–Okt. | Via del Pozzatello 5 | Tel. 0565901130 | www.valledeimulini.it | €*

ZIEL IN DER UMGEBUNG

MONTE CAPANNE ★ ☼
(119 D3) (*M D6*)

Auf den höchsten Berg Elbas (1018 m) können Sie von Poggio aus zu Fuß hinaufsteigen. Die Wanderung durch eine wunderschöne Landschaft dauert zwei bis drei Stunden. Wenn die an vielen Stellen in die Höhe ragenden Kastanienbäume im Frühling blühen, ist es am schönsten. Von Marciana Alta führt die Kabinenbahn auf den Berg hinauf. Die Talstation der Bahn liegt etwa 1 km hinter dem Ortsausgang. Die **INSIDER TIPP offenen Gondeln** *(cabinovia)* für zwei Personen gleiten in gut 15 Minuten auf den Gipfel. *April/Mai/Juni/Okt. tgl. 10–13 und 14.20–17, Juli–Sept. 10–13 und 14.20–17.30 Uhr | Hin- und Rückfahrt 18 Euro | www.cabinovia-isoladelba.it*

MARCIANA MARINA

(119 E1–2) (*M E4*) **Auch im Winter ist in dem quirligen Städtchen (1900 Ew.) immer was los: Um den von Platanen umstandenen Kirchplatz und entlang der Uferpromenade gibt es eine Reihe von Restaurants, Bars und Geschäften, die das ganze Jahr über geöffnet haben.**

Das hat damit zu tun, dass viele Hausbesitzer in den umliegenden Hügeln, in Marciana Alta und in Poggio, im Herbst und Winter auf der Insel bleiben. Das ehemalige Fischerdorf lebt heute hauptsächlich vom Tourismus. Fischfang spielt immer noch eine große Rolle: Zum einen werden die großen Hotels mit frischem Fisch beliefert, zum anderen sind Angeltouren bei Touristen beliebt.

SEHENSWERTES

COTONE
Am östlichen Rand der Bucht von Marciana Marina liegt der älteste Teil des Städtchens. Die Fischersiedlung *Cotone* mit ihren alten Häusern, erst vor einigen Jahren vollkommen restauriert, ist direkt auf die ins Meer reichenden Felsen gebaut. Während der Saison sind die Felsen nachts angestrahlt. Dabei kann man erkennen, dass sie aus den für das Monte-Capanne-Massiv typischen, im Lauf von Jahrtausenden verwitterten Hohlblöcken, den sogenannten ● *tafoni* – hier allerdings im Kleinformat – bestehen.

TORRE PISANA
Am Ende der Uferpromenade, die sich von Cotone über 700 m bis hierhin zieht, steht ein weithin sichtbarer Wachturm aus dem 12. Jh.

ESSEN & TRINKEN

L'AFFRICHELLA 🌿

Ungewohnliche Kreationen bringen die drei Küchenchefs dieses Slow-Food-Restaurants auf den Tisch: Zahnbrassen-Gnocchi und Krabben im Kichererbsen-Teigmantel. *Di–So ab 19.30 Uhr | Via Santa Chiara 7 | Tel. 05 65 99 68 44 | www. ristoranteaffrichella.com | €€–€€€*

INSIDER TIPP ▶ CAPO NORD

Das Richtige für ein elegantes, romantisches Abendessen direkt am nördlichen Strand von Fenicia. Auf der Terrasse werden raffinierte Fischgerichte serviert *Mitte Juni–Mitte Sept. tgl., sonst Mo und Jan.–Ostern geschl. | Ortsteil La Fenicia | Tel. 05 65 99 69 83 | €€€*

DA TERESINA

Seit Generationen im Familienbesitz. Teresina kocht typische Inselgerichte wie Spaghetti mit Anchovis oder Meerspin-nen-Suppe. Ganzjährig geöffnet. *Im Winter Di geschlossen | Piazza della Vittoria 15 | Tel. 0 56 59 90 49 | €€*

EINKAUFEN

INSIDER TIPP ▶ ACQUA DELL'ELBA

Hier entstand die Idee, aus den Essenzen und Düften der Flora Elbas ein Parfum herzustellen – türkisfarben wie das Wasser um die Insel. Heute gibt es auf Elba bereits 18 Geschäfte mit diesem Namen. In Marciana Marina wird das Elba-Wasser produziert. *Tgl. 9–13 und 14.30–19.30 Uhr | Via Aldo Moro 69 | www.acquadel lelba.it*

GULLIVER

Eine Galerie und gleich um die Ecke ein kleines Geschäft, das Objekte zeitgenössischer italienischer Künstler ausstellt und verkauft. Ein Besuch lohnt sich! *März–Okt. | Geschäft Via Mentana 6, Galerie Via Garibaldi 47 | www.gulliverarte.com*

Das lebendige Städtchen Marciana Marina besitzt die größte Fischfangflotte Elbas

INSIDER TIPP LAVORAZIONE CORALLO

In mühevoller Kleinarbeit suchen die *corallari* das Meer nach den unter Schutz stehenden Korallenpolypen ab, die sich vom Riff gelöst haben. Die Korallen, die zwischen Elba und Capraia gefunden werden, besitzen eine besonders dunkelrote Farbe. Hier werden sie im für den Besucher sichtbaren Atelier zu kostbaren Schmuckstücken verarbeitet. *Lungomare Viale Regina Margherita 75*

STRÄNDE & FREIZEIT

LUNGOMARE

Baden und Sonnenbaden kann man auch an der Promenade von Marciana Marina. Dort gibt es nicht nur eine große Auswahl an Cafés und Restaurants, sondern auch das Glasbodenboot ● *Nautilus,* das nachmittags zum Wrack der Pomonte aufbricht. *18 Euro | Viale Regina Margherita | Tel. 05 65 97 60 22 | www.aquavision.it*

INSIDER TIPP MEERESSÄUGER SCHAUEN

Vor den Küsten Elbas werden regelmäßig Delfine und Wale gesichtet. Das auf der Insel ansässige Forschungszentrum für Meeressäuger organisiert Touren im Segel- oder Schlauchboot, die von Marciana Marina losgehen. *Mo–So um 6, 9 und 15 Uhr | 6-Stunden-Tour 60, 3-Stunden-Tour 30 Euro | Mobiltel. 33 32 94 01 07 | www.centroricercacetacei.org*

PANORAMA-WANDERROUTE

Fahren Sie mit dem Bus nach Marciana La Zanca und gehen Sie die Straße nach Sant'Andrea hinab. Nachdem Sie die Granitfelsen passiert haben, die einen natürlichen ● Swimmingpool mit türkisblauem Wasser umschließen, erreichen Sie den Strand von Cotoncello und über eine antike Steinbrücke schließlich Marciarello. Vor Ihrem Abstieg zum Hafen von Marciana Marina kommen Sie an hübschen Weinbergen und verträumten Badebuchten vorbei. *Dauer: 3 Std.*

SPIAGGIA LA FENICIA

Der schmale, aber schöne Kieselstrand liegt nordwestlich von Marciana Marina außer Reichweite des Hafengebiets hinter dem malerischen Sarazenenturm. Auf einem der Granitfelsen kann man sich wunderbar sonnen, leider unter vielen Gleichgesinnten.

AM ABEND

COLTELLI PUB

In diesem Pub mit Enothek ist immer Stimmung – bis 3 Uhr bei *bruschetta* und Wein. *Okt.–Mai Di sowie Jan. geschl. | Piazza della Vittoria 11*

YACHTING BAR

Belebteste (wenn nicht beliebteste!) Bar, um morgens einen Cappuccino oder abends einen ausgiebigen Aperitif zu genießen. *Juni–Aug. tgl., sonst Mo und März–Nov. geschl. | Viale Regina Margherita 68*

ÜBERNACHTEN

GABBIANO AZZURRO DUE

Das Hotel hat 20 komfortable Zimmer mit Klimaanlage und bietet einen schönen Garten mit Pool. *April–Ende Okt. | Viale Principe Amedeo 48 | Tel. 0 56 59 92 26 | www.hotelgabbianoazzurroelba.it | €€*

HOTEL MARINELLA

Das gut geführte Hotel verfügt über einen Meerwasserpool, zwei Tennisplätze, Restaurant und Parkplatz. *57 Zi. | April–Mitte Okt. | Lungomare Regina*

Margherita 38 | Tel. 0 56 59 90 18 | www. elbahotelmarinella.it | €€–€€€

RESIDENCE INTUR

Diese Apartmentanlage ist von einem riesigen Garten umgeben und liegt einen knappen Kilometer vom Zentrum Marciana Marinas entfernt. Mit eigenem Strand, Umkleidekabinen, Windsurf- und Kajakverleih. *Ortsteil Punta Schioppo | Via Provinciale 13 | Tel. 0 56 59 91 85 | www. intur.it | €€*

ZIELE IN DER UMGEBUNG

PATRESI MARE ⭐

(118 A–B2) (*M B4–5*)

Eine prächtige, flach abfallende Felsküste rund 15 km westlich von Marciana Marina lädt zum Baden und Sonnen ein, auch Nacktbaden ist hier erlaubt. Ganz in der Nähe liegt der weiße Leuchtturm *Faro di Punta Polveraia*.

INSIDER TIPP ▸ RIPA BARATA ☼

(119 D1) (*M D4*)

Die Anhöhe am westlichen Ende von Marciana Marina verschafft Ihnen eine herrliche Aussicht weit über das Meer. Trampelpfade führen direkt hinunter zum Strand.

ZANCA/SANT'ANDREA

(118 B–C 1–2) (*M B–C4*)

Die Bucht ca. 12 km westlich von Marciana Marina hat einen kleinen Sandstrand. Links geht es über gut zugängliche und mit Seilen gesicherte Felsen auf flachen Granitplatten ins Meer. Allerdings ist Vorsicht geboten, wenn die See rau ist.

Mehrere Hotels und Pensionen haben sich hier angesiedelt, unter anderem das exklusive *Cernia (27 Zi. | Mitte März–Mitte Sept. | Via San Gaetano 23 | Tel. 05 65 90 82 10 | www.hotelcernia.it | €€€)* mit Swimmingpool und Tennisplatz inmitten eines rund 10 000 m² gro-

Sant'Andrea: Über flache Felsen geht es hinein in das kristallklare Wasser

ßen, artenreichen tropischen ● Parks, der auch Besuchern kostenlos offen steht. In der Sommersaison wird die üppige Vegetation zur grünen Galerie für Keramikkunstwerke bei der *Arte in Giardino*. Das kleine *Hotel Barsalini (33 Zi. | Anf. April–Mitte Okt. | Tel. 05 65 90 80 13 | www. hotelbarsalini.com | €€€)* liegt über der Bucht, hat ebenfalls einen Pool in einem tropischen Garten und genießt den Ruf einer guten Küche; nur Halb- oder Vollpension.

MARINA DI CAMPO

(120 A6) *(⌖ F7)* **Der Ort (4600 Ew.) ist ein viel besuchtes Touristenzentrum mit dem drittgrößten Hafen Elbas.**
Er wird von einem 25 m hohen, steinernen Turm aus pisanischer Zeit bewacht und dient einer eigenen Fischfangflotte als Heimathafen. Die lange Uferprome-

Im beliebten wie belebten Marina di Campo läuft de facto alles aufs Meer hinaus

Gemütlich und ruhig, ein echter Ort der Entspannung ist das ● ☺ *Hotel Ilio (20 Zi. | Mitte April–Mitte Okt. | Capo Sant'Andrea | Tel. 05 65 90 80 18 | www. hotelilio.com | €)*, ein herrlich gelegenes Boutiquehotel mit unterschiedlich eingerichteten Zimmern. Eigentümer Maurizio Testa organisiert Themenwanderungen und Vogelbeobachtungstouren, um seinen Gästen die unberührte Natur in der Umgebung nahe zu bringen.

nade wird von prächtigen Villen, Restaurants und Pensionen gesäumt.

SEHENSWERTES

AQUARIUM ●
Wer nicht taucht, kann sich hier einen Eindruck vom Leben im Mittelmeer verschaffen: In 60 Bassins sind 150 maritime Arten vertreten, darunter beeindruckende Goldmakrelen und Kraken. *Mitte*

März–Anf. Nov. 9–19.30, Juni–Mitte Sept. 9–23.30 Uhr | Eintritt 7 Euro | Ortsteil Segagnana | www.acquarioelba.com

ESSEN & TRINKEN

IL CACCIUCCO

Beliebtes Restaurant im historischen Zentrum mit Tischen an der Piazza und köstlicher Fischsuppe. *Nov. und Jan. geschl. | Piazza Cavour 10 | Tel. 05 65 97 64 89 | www.ilcacciucco.com | €€*

KONTIKI

Auf der großen Terrasse zum Meer können Sie abends bei Musik zwischen der mediterranen Inselküche (gute Antipasti) und Pizza aus dem Holzofen wählen. *Mitte Juni–Mitte Sept. tgl. abends, Mitte März–Mitte Juni und Mitte Sept.–Okt. Mi geschl. | Via Molo Nuovo | Tel. 05 65 97 64 65 | www.ristorantekontiki.it | €–€€*

LA LUCCIOLA ☙

Mit Blick auf die Bucht direkt am Strand bietet das Lokal mittags Snacks und Eis unterm Sonnenschirm, abends gibt es ein opulentes Dinner bei Kerzenschein mit schmackhaften Fischspezialitäten. *Ostern–Sept. außer Juli/Aug. Mo geschl. | Viale degli Eroi 2 | Tel. 05 65 97 63 95 | www.lalucciola.it | €€*

EINKAUFEN

ALCHEMILLA ●

Heil- und Gewürzkräuter aus aller Welt stehen in diesem Geschäft zum Verkauf. Die Besitzerin organisiert auch Kräuterkochkurse und vertreibt allerhand Ökoprodukte. *Via Puccini 37*

LOCMAN

Das Herz der beim internationalen Jetset begehrten Locman-Uhren schlägt in Marina di Campo. In einem gelben Palazzo an der Piazza Giovanni da Verrazzano 7 liegt der Hauptsitz des Zeitmessers des Gründers Marco Mantovani. *www.locman.it*

STRÄNDE

SPIAGGIA DI GALENZANA

Recht ruhig geht es an diesem nahe der Punta Bardella gelegenen Kiesstrand zu. Ein gut geschützter Platz, rund 20 Gehminuten von Marina di Campo entfernt, der zum Baden und Schnorcheln im türkisblauen Wasser einlädt.

SPIAGGIA DI MARINA DI CAMPO

Der fast 2 km lange Sandstrand führt vom Ortskern im Südwesten bis zu einem schattigen Pinienwald im Osten. Es gibt zahlreiche Bars, Badeanstalten (Sonnenschirm und Liegestuhl bis zu 38 Euro/Tag!), Segel- und Tauchschulen.

AM ABEND

BAOBAB CAFÉ

Mittags gibt es Salate und *panini,* danach *Aperitivo Baobab,* abends wird das Café zur Bar – bis 2 Uhr nachts! *Ganzjährig | Piazza della Vittoria 55*

ÜBERNACHTEN

BARRACUDA

Gut geführtes Hotel in einem schönen Palmengarten, mit Pool und geräumigen Zimmern. *44 Zi. | Mitte April–Mitte Okt. | Viale Elba 46 | Tel. 05 65 97 68 93 | www.hotelbarracudaelba.it | €€*

HOTEL EDEN PARK

Auf der Straße nach Sant'Ilario liegt links, ca. 1,5 km vom Strand entfernt, das ruhige Hotel mit großem Garten, Pool, Tennisplatz und nettem Restaurant. *26 Zi. |*

Anf. April–Ende Sept. | Ortsteil Lamia | Via Pian di Mezzo | Tel. 05 65 97 62 85 | www. hoteledenpark.it | €

ISELBA

Direkt vom Strand ziehen sich die Bungalows für 2–6 Personen in den Pinienhain. Schön und zweckmäßig. Mit Hotelservice. *39 Apts. | Anf. Mai–Mitte Sept. | Viale degli Etruschi 42 | Tel. 05 65 97 71 23 | www. iselba.it | €€*

MONTECRISTO

Oberhalb des Sandstrands (10 m) hat das Viersternehotel auch ein eigenes großes Schwimmbad mit Sauna. *43 Zi. | Anf. April–Mitte Okt. | Lungomare Nomellini 11 | Tel. 05 65 97 68 61 | www. hotelmontecristo.it | €€*

ZIELE IN DER UMGEBUNG

CAVOLI ☼ (119 D5–6) (*ſ∐ D7*)

Die 6 km entfernte Badebucht lockt mit Sand- und Felsenstrand. Bei klarem Wetter sehen Sie bis zu den Inseln Pianosa und Montecristo.

SECCHETO (119 D5–6) (*ſ∐ D7*)

Auch in der nächsten Bucht nach Cavoli finden Sie sowohl Sand- wie Felsenstrand. Direkt am *Hotel La Stella (24 Zi. | Anf. April–Mitte Okt. | Tel. 05 65 98 70 13 | www.hotellastella.it | €€)* gibt es eine *Tauchschule (Diving Service Center | www. divingservicecenter.com)*. Nur 100 m vom Meer entfernt liegt auch das *Hotel Da Fine (30 Zi. | Jan–Mitte Nov. | Tel. 05 65 98 70 17 | www.hoteldafine.it | €)*. Von Seccheto aus können Sie Wanderungen in den *Fosso di Vallebuia* unternehmen. Das „dunkle Tal" ist einer der Hauptgräben, die vom Monte Capanne hinunter ans Meer führen. Am Ende der Straße von Seccheto ins Landesinnere steht in ungefähr 200 m Höhe die sehr

einfache *Locanda dell'Amicizia (26 Zi. | ganzjährig | Tel. 05 65 98 70 51 | www. locandadellamicizia.it | €)*, ein idealer Ausgangspunkt für Wanderungen.

POGGIO

(119 D2–3) (*ſ∐ D5*) ★ ☼ **Poggio (250 Ew.) ist treppenförmig in den Berg hineingebaut. Winkelige Gassen, viele hübsche Häuser, Brunnen und liebevoll bepflanzte Blumenkästen beherrschen das Stadtbild.**

Am Ortsrand von Poggio wird das Mineralwasser Elbas aus der guten **INSIDER TIPP** Mineralquelle Fonte Napoleone gewonnen – die Elbaner füllen es hier gleich kanisterweise ab.

SEHENSWERTES

SAN DEFENDENTE

Das schöne Gotteshaus aus dem 16. Jh. im unteren Teil des Orts sollte täglich vormittags geöffnet sein. Falls Sie Pech haben oder am Nachmittag vorbeikommen, klingeln Sie in der *Piazza San Defendente Nr. 5* – dort liegt der Schlüssel.

SAN NICCOLÒ

Die Geschichte der Pfarrkirche im oberen Teil Poggios reicht bis ins 8. Jh., denn jahrhundertelang war sie Trutzburg gegen Piratenüberfälle. Erst im 16. Jh. kamen die Befestigungsbauten hinzu, die das Gotteshaus heute einrahmen.

ESSEN & TRINKEN

INSIDER TIPP ▶ **PUBLIUS** ☼

Hausgemachte Nudeln mit Wildschwein und warmer Birnenkuchen mit Eis sind die Spezialitäten dieses Feinschmeckerlokals. Den herrlichen Panoramablick über die Bucht von Marciana Marina gibt es

Madonna del Monte, erbaut zu Ehren eines wundersamen, auf Granit gemalten Marienbildes

gratis dazu. *Ostern–Nov. Di–So, Juni–Sept. tgl. | Reserv. empfohlen | Piazza del Castagneto 11 | Tel. 0 56 59 92 08 | www. ristorantepublius.it | €€*

SCIAMADDA 🔄

Auf einfache Zutaten hoher Qualität setzt dieses bei Einheimischen beliebte Slow-Food-Lokal: In der Trattoria Sciamadda kommen Pasta aus Kastanienmehl, Mangoldtorte, Tintenfisch und zur Saison natürlich Steinpilze auf den Teller. *Do–Di | Via del Carmine 2 | Tel. 05 65 90 90 98 | www.sciamadda.com | €*

ZIEL IN DER UMGEBUNG

SANTUARIO DELLA MADONNA DEL MONTE ● (118 C2) (𝔐 C5)

Die ca. 5 km westlich von Poggio gelegene Wallfahrtskirche aus dem 16. Jh. erreichen Sie über einen treppenartigen Weg, der an der alten Festung des Orts beginnt und an dem die zwölf Leidensstationen Christi gezeigt werden. Diesen Weg nehmen jedes Jahr am 15. August Hunderte von Pilgern. 1995 wurden im Inneren Fresken freigelegt, die von der Hand des Hochrenaissancemalers Sodoma stammen sollen.

Vor der Kirche spucken drei steinerne Skulpturen trinkbares Wasser aus, was Napoleon, der seinen Aufenthalt im Sommer 1814 für einige Zeit von Portoferraio hier herauf verlegt hatte, zu dem Ausruf veranlasst haben soll: „Schatten und Wasser, was braucht man mehr zum Glück."

POMONTE

(118 B5) (𝔐 B7) Pomonte (500 Ew.) liegt inmitten eines Weinbaugebiets. Anders als etwa in Deutschland darf man hier das ganze Jahr hindurch die Pfade zwischen den Rebpflanzungen benutzen.

Deshalb, und weil die Wälder des Monte Capanne bis an die Weinberge heranreichen, ist Pomonte ein vor allem bei Wanderern beliebter Ort. Die Küste bei Pomonte ist felsig und meist unzugänglich. Sand- und Felsstrände gibt es in der Nähe. Wenige Flossenschläge von der Küste entfernt liegt das bekannte Wrack von Pomonte in nur 13 m Tiefe auf Grund.

LOW BUDG€T

▶ Kleine günstige Apartments, manchmal sogar mit Garten, bekommt man in Marciana Marina im *Soggiorno Tagliaferro. Viale Amedeo 10 | Tel. 0 56 59 90 29 | www. soggiornotagliaferro.it*

▶ Überraschend preiswert kann man sich in *La Conchiglia* am Strand von Cavoli einmieten – Halbpension und Meeresrauschen inbegriffen! *23 Zi. | April–Mitte Okt. | Spiaggia di Cavoli | Tel. 05 65 98 70 10 | www. laconchigliacavoli.it*

▶ Der Campingplatz *La Foce* liegt am Ortsrand von Marina di Campo am Meer. *Ortsteil La Foce, an der Straße nach Lacona rechts abbiegen | ganzjährig | Tel. 05 65 97 64 56, Mobiltel. 39 39 71 64 51 | www. campinglafoce.com*

▶ In Marina di Campo ist die Pizza im *Vesuvio (Via Roma 376 | Tel. 05 65 97 80 15)* immer ofenfrisch und lecker. Delikaten Napoleon-Salat und den ● allerbesten Kastanienkuchen bekommen Sie in Marciana Alta in der beliebten Bar *La Porta (Piazza Umberto 1).*

Es wird von Tauchern aus der Umgebung angefahren und ist auch für Schnorchler gut sichtbar.

ÜBERNACHTEN

HOTEL SARDI

Wer die Gegend ein paar Tage erkunden möchte, findet in diesem netten Hotel nur 20 m vom Meer entfernt seine Ruhe. *22 Zi. | Mitte März–Anf. Nov. | Via del Maestrale 1 | Tel. 05 65 90 60 45 | www. hotelsardi.it | €*

ZIELE IN DER UMGEBUNG

CHIESSI (118 A4) (*ⓜ B6*)

Auch im 2 km nördlich von Pomonte liegenden Chiessi wird Wein angebaut. Doch besonders lockt hier das Meer Taucher und Schwimmer an. Sie gelangen ins erfrischende Nass über breite, flach ins Wasser hineingehende Felsen. Vor der Küste von Chiessi sind zahlreiche Schiffe gesunken, und noch immer werden Amphoren und Karaffen aus alter Zeit geborgen. Funde machte man auch im 1 km landeinwärts gelegenen *Valle di Gneccarina,* wo Bronzeäxte aus dem 8. Jh. ausgegraben wurden, die sich nun im Archäologischen Museum von Marciana Alta befinden. Gut 1 km außerhalb von Chiessi stoßen Sie in nördlicher Richtung auf der Hauptstraße auf die *Punta Nera.* Sie ist der westlichste Punkt der Insel Elba. In klaren Nächten sind von Chiessis Felsstrand aus die Lichter von Korsikas Hauptstadt Bastia zu sehen. Schöner Blick auf Meer oder Berge im Hotelrestaurant *Il Perseo (21 Zi. | April–Sept. | Tel. 05 65 90 60 10 | www.htperseo.it | €).*

FETOVAIA/LE TOMBE ★
(118 B–C 5–6) (*ⓜ C7*)

Der kleine Touristenort 4 km südlich von Pomonte entwickelte sich an einem schö-

Vom rauen Westwind geschützt lässt sich am Strand von Fetovaia wunderbar sonnen und baden

nen Sandstrand, an dem Sie auch bei unruhigem Wasser noch gut baden können. Eine weit ins Meer ragende Landzunge schützt hier das Strandgebiet vor Westwind. Die kleine Bucht von *Le Tombe* westlich von Fetovaia hat sich außerdem inzwischen als *der* Nacktbadestrand der Insel etabliert. Beeindruckend sind die als Schwimmbecken bezeichneten **INSIDER TIPP ▶** Klippen *Le Piscine* auf dem Weg nach Seccheto – von der Brandung ausgewaschene und mit Meerwasser gefüllte Bassins. In Fetovaia gibt es ein *Centro Marino Elba (April–Anf. Okt. | Tel. 05 65 98 80 27 | www.hydra-institute. com)*, das Tauchkurse und meeresbiologische Exkursionen anbietet.

Das *Galli (29 Zi. | Ende April–Ende Sept. | Tel. 05 65 98 80 35 | www.hotelgalli.it | €€)* ist ein kleines, sehr gepflegtes und dazu angenehm ruhig gelegenes Hotel. Einfach, aber gemütlich auch das *Hotel Alma (15 Zi. | April–Mitte Sept. | Tel. 05 65 98 80 40 | www.hotelalma.com | €)*, wo man gute Hausmannskost bekommt.

PROCCHIO

(120 A–B3) (*ⓜ F5*) **Der Verkehrsknotenpunkt, an dem sich die Straßen aus Marciana Marina, Marina di Campo und Portoferraio treffen, hat sich zu einem Sammelpunkt für viele Touristen entwickelt.**

Im Ort (700 Ew.) haben sich auch Bars und verschiedene Geschäfte angesiedelt. Besondere Aufmerksamkeit verdienen die seltenen, zum großen Teil uralten Korkeichen an der Straße nach Portoferraio, die sich im ersten Stück nach Procchio steil hinaufwindet.

ESSEN & TRINKEN

INSIDER TIPP ▶ BAGNI PAOLA

Auf der Terrasse der eher unscheinbaren Strandbar direkt am Meer isst man mittags und abends einfach himmlisch! Das Strandbad vermietet Liegen und Sonnenschirme *(im Hochsommer 21 Euro/Tag)*. Hierher gelangen Sie über die Via del Mare und dann rechts am Meer entlang. Sie können auch von der Straße Procchio–Portoferraio gleich hinter dem Ort links eine kleine Straße hinabfahren. *Mai–Mitte Okt. tgl. | Ortsteil Campo all'Aia | Tel. 05 65 90 74 88 | www. bagnipaola.it | €–€€*

COSTA DEL MANCINO

Paella mit Fischen und Krustentieren oder auch *cacciucco elbano* werden hier schmackhaft zubereitet. *Di–So | Via di Valle Grande | Tel. 05 65 90 76 60 | €*

EINKAUFEN

MERCATO DELLA TERRA ♻ ●

Auf dem von *Slow Food Elba* organisierten Ökomarkt verkaufen Bauern und Fischer jeden Samstag unbehandeltes Obst und Gemüse sowie Brot, Honig, fangfrischen Fisch, Käse, Wein und Öl aus der Region. *Ganzjährig 8–13 Uhr | öffentlicher Park*

STRAND & FREIZEIT

SEGELN

Elba ist ein optimales Segelrevier für Anfänger und Fortgeschrittene. Die Segelschule *Elba Charter* vermietet Boote und organisiert Törns für Familien. *Mobiltel. 33 43 79 39 49 | www.segelschule-elba.de*

SPIAGGIA DI PROCCHIO

Der ein Kilometer lange Sandstrand zählt zu den schönsten der Insel. Urlauber finden Bars und Restaurants sowie Tretbootverleih und Surfschule vor.

AM ABEND

LA CASA DEL VINO

Diese Bar ist vor allem im Sommer angesagt: Man kann sich ein gutes Glas Wein empfehlen lassen oder auch nur eine Cola trinken, etwas Kleines essen und toskanische Spezialitäten kaufen. *Tgl. 20.30–2 Uhr | Via del Mare 1 | €*

Im terrassenförmig über dem Meer angelegten Ökohotel Danila wird nachhaltig gewirtschaftet

CLUB 64

In dieser seit 1964 in ganz Italien bekannten Disko tanzt man von Juni–Sept. bis spät in die Nacht draußen zu House, Funk und Revival, während drinnen Techno und Progressive spielt. *Mitte Juli–Aug. Di–So 23.30–5, Sept./Okt. und Ostern–Mitte Juli nur Fr/Sa, Nov.–Ostern geschl. | Eintritt 18 Euro | Ortsteil Capannone, Richtung Biodola | www.club64.net*

ÜBERNACHTEN

HOTEL FONTALLECCIO

Einfaches und gut ausgestattetes Hotel mit Schwimmbad, ca. 200 m vom Strand entfernt. *20 Zi. | ganzjährig | Ortsteil Fonte al Leccio | Tel. 05 65 90 74 31 | www.hotelfontalleccio.it | €€*

VILLA CECILIA

Ruhig gelegene Apartmentanlage, nur 70 m vom Strand und 300 m vom Dorfzentrum entfernt. Von einem schönen Garten umgeben. *12 Fewos | April–Ende Okt. | Ortsteil Campo all'Aia | Tel. 05 65 90 73 39 | www.villacecilia.it | €€*

ZIELE IN DER UMGEBUNG

MONTE CASTELLO (120 A4) (*m F5*)

Auf der Strecke von Procchio nach Marina di Campo nach ca. 1,5 km geht rechts ein markierter Wanderweg zu einem Parkplatz ab, von dem aus ein 15-minütiger Fußweg zu recht unspektakulären *Etruskerausgrabungen* führt. Neben den Ruinen einer römischen Villa aus dem 1. Jh. v. Chr. hat man unter einem Pflaster aus römischer Zeit Reste einer etruskischen Siedlung mit Schmelzöfen für Eisenerz gefunden. Grandios ist die unendlich weite Aussicht vom 227 m hohen, ☀ *Monte Castello* genannten Platz bis zu den Buchten von Procchio im Norden und Marina di Campo im Süden.

SCAGLIERI ● (120 B–C2) (*m G4*)

Am schönen Strand zwischen den Buchten Biodola und Viticcio liegt inmitten eines terrassenförmig angelegten Gartens das von zwei Schwestern geführte INSIDER TIPP ▶ Ökohotel *Danila (27 Zi. | Anf. April–Mitte Okt. | Tel. 05 65 96 99 15 | www.hoteldanila.it | €€€)*. Das geschichtsträchtige Haus – 1948 eine der ersten Unterkünfte auf ganz Elba – setzt auf Wasserrecycling und umweltverträgliche Reinigungsmittel. Im Restaurant kommen Bioprodukte auf den Tisch. Oberhalb der Bucht können Sie auf dem gut ausgestatteten *Campingplatz (Ende–April–Ende Okt. | Tel. 05 65 96 99 40 | www.campingscaglieri.it | €)* von Scaglieri auch Cottages mieten.
Über den Nachbarort *Forno* erreichen Sie die ☀ *Punta Penisola,* von der aus der Blick an schönen Tagen bis hinüber nach Marciana Marina reicht.

SPARTAIA (120 A3) (*m F5*)

Zwischen den beiden Buchten von Procchio und Marciana Marina befinden sich in der Nähe des Sandstrands zwei sehr ruhig gelegene Hotelanlagen mit hohem Komfort: das *Désirée (76 Zi. | Mai–Sept. | Tel. 05 65 90 73 11 | www.htdesiree.it | €€€)* mit Privatstrand, 2 Tennisplätzen und Swimmingpool mit Meerwasser sowie das *Valle Verde (46 Zi. | Mitte April–Anf. Okt. | Tel. 05 65 90 72 87 | www.elbahotelvalleverde.it | €€–€€€)*.
An der Straße in Richtung Enfola liegt die *Spiaggia dell'Acquaviva, ein* weißer Kiesstrand. Ein idyllisches Plätzchen, das für sein kristallklares Wasser berühmt ist; hier finden Urlauber auch während der Sommermonate meist noch ein beschauliches Fleckchen. Der traumhaft gelegene *Campingplatz (Mitte April–Anfang Okt. | Tel. 05 65 91 91 03 | www.campingacquaviva.it | €)* vermietet auch Bungalows.

TOSKANISCHER ARCHIPEL

Seit 1996 gehören zum *Parco Nazionale dell'Arcipelago Toscano* **neben Elba auch Capraia, Giglio, Gorgona, Pianosa, Giannutri, Montecristo und etwa 40 winzig kleine, unbewohnte Inseln sowie ein 600 km² großes Meeresgebiet. Von den sieben Hauptinseln ist nur Montecristo nicht für Besucher zugänglich.**

Segler und Taucher, die im größten Meeresschutzgebiet Italiens unterwegs sind, sollten sich aktuelle Seekarten der Küstenregionen besorgen, um nicht in geschützte Zonen zu geraten! Nur Elba, Giglio und Capraia sind touristisch erschlossen. Elba steht zu 55 Prozent unter Naturschutz, Giglio zu 40 und Capraia zu 75 Prozent. Die kleineren Inseln Giannutri, Gorgona, Montecristo und Pianosa sind komplett als Naturschutzgebiete ausgewiesen. Auf Gorgona steht eine Strafanstalt, bis 2001 war auch Pianosa Strafkolonie, und Montecristo bewohnen nur Wärter. Aufgrund eines neu verabschiedeten Gesetzes, ist es möglich, dass auf Gorgona und Pianosa und einem Teil von Giannutri in nicht allzu ferner Zukunft große Hotelanlagen entstehen. Auf Capraia, Giglio und Pianosa organisiert *Emozioni Mediterranee (Tel. 05 65 97 80 04, Mobiltel. 32 86 78 17 55 | www.emozionimediterranee.it)* sportliche Aktivitäten aller Art.

CAPRAIA

(126 B3) *(ℳ h3)* ★ **Drohend steht die Festung** *San Giorgio* **über dem kleinen Hafen. Die im 15. Jh. erbaute Genueser**

**Kleine, aber feine Schwesterinseln:
Der Tourismus entdeckt allmählich auch die
anderen Eilande des Toskanischen Archipels**

Burganlage sollte vor Sarazenenüberfällen schützen und scheint noch heute die sich in die Höhe drängenden Häuser von Capraia zu bewachen.

Die 20 km² große Insel der Ziegen – *aegilon megas*, wie sie die Griechen wegen der vielen wilden Ziegen nannten – hat 400 Einwohner und eine Küste von 27 km Länge. Das glasklare Meer um Capraia ist für Taucher ein wahres Unterwasserparadies. Segler schwärmen von den Steilküsten und dem malerischen Hafen. Da Capraia bis 1986 Gefängnisinsel war, hat sich erst in den letzten Jahren ein (noch immer) bescheidener Tourismus entwickelt.

Die Insel können Sie sehr gut bis hoch zum ☀ *Monte Castello* erwandern, mit 447 m der höchste Punkt Capraias, oder zur *Cala Rossa*, wo das Rot der Felsen und das Grau des Vulkangesteins sich im kobaltblauen Wasser spiegeln. Vom kleinen Hafen bringen Sie *taxi boats* (Wassertaxis) auf die Westseite der Insel zu schönen, aber felsigen Tauch- und Badeplätzen

Immer schön den Überblick behalten: Ausgrabung einer römischen Villa auf Giannutri

ESSEN & TRINKEN ÜBERNACHTEN

DA BEPPONE

Mit seiner typischen und preiswerten Trattoria liegt es direkt an der Mole und nur 50 m von der nächsten Badestelle entfernt. *12 Zi. | ganzjährig | Via Assunzione 68 | Tel. 05 86 90 50 01 | www. dabeppone.it | €€*

HOTEL IL SARACINO

Dieses angenehme Viersternehotel mit 35 Zimmern liegt oberhalb des Hafens und verfügt über Schwimmbad wie ein ausgezeichnetes Restaurant. 800 m zum Strand. Wochenweise können Sie sich auch in der dem Hotel angeschlossenen *Residenza Il Saracino* einmieten. *Ganzjährig | Via Lamberto Cibo 40 | Tel. 05 86 90 50 18 | €€–€€€*

ANFAHRT

Die Schiffe der staatlichen Fährgesellschaft *Toremar* laufen Capraia von Livorno aus jeden Tag an *(Dauer Überfahrt ca. 2 1/2 Std. | Buchungszentrale in Deutschland Tel. 0611 140 20, in Italien Tel. 05 86 90 50 69 und 05 86 22 45 11 | www. toremar.it)*. Von Elba aus organisieren im Sommer das Unternehmen *Aquavision (Tel. 05 65 97 60 22 | www.aquavision.it)*, vom Festland *Blunay (Tel. 05 64 07 10 07 | www.blunavy.com)* Fahrten auf die Insel Capraia. Fragen Sie unbedingt immer vorher an, die Zeiten können sich kurzfristig ändern! *www.isoladicapraia.it* Wenig sinnvoll ist es, mit Ihrem eigenen Wagen nach Capraia überzusetzen, denn es ist teuer, und das Straßennetz deckt tatsächlich nur einen winzigen Teil der Insel ab.

AUSKUNFT

Pro Loco Capraia | Via Assunzione 72 | Tel. 0586905138 | www. prolococapraiaisola.it

GIANNUTRI

(127 F6) (*m6*) Im Sommer dümpeln Segel- und Tauchboote in der *Cala dello Spalmatoio*, manchmal liegt vielleicht eine Yacht weiter draußen, ansonsten herrscht Stille.

Die sichelförmige, nur 2,6 km² große Insel ist in Privatbesitz. Es gibt weder größere Hotels noch Campingplätze, und freies Zelten ist verboten. Frei zugänglich ist die Insel nur zwischen dem 26. Mai und 12. Oktober – wer das Naturschutzgebiet in der übrigen Zeit besuchen will, darf dies nur mit einem Guide tun. Bemerkenswert sind hier die Ausgrabungen einer *römischen Villa* (1.–2. Jh. n. Chr.). Teile der Mauern, Baderäume, Mosaiken und Säulen, ziehen vor allem archäologisch Interessierte und Romantiker hierher. Rund um die Insel werden immer wieder Wracks geortet, die die Abenteuerlust jedes Tauchers wecken. Sollten Sie zu den Glücklichen gehören, die ein gesunkenes Schiff entdecken, denken Sie daran: Es ist bei Strafe verboten, Relikte von der Fundstelle zu entfernen, sie müssen umgehend der Hafenbehörde gemeldet werden!

Die wenigen Touristen, die nicht nur für einen einzigen Tag auf der winzigen Insel (Giannutri ist nur etwa 50 m breit und 5 km lang) bleiben wollen, kommen in der Villa *Le Dimore di Mimmina (4 Apts. | Cala Maestra | März–Sept. | Tel. 05 75 41 09 82 | www.ledimoredimimmina.com | €–€€)* unter.

Sehr gute Spaghetti alle Vongole und Goldbrasse tischt Giuseppe Morbidelli

auf. Seine ganzjährig geöffnete *Taverna del Gran Duca (Cala Maestra | Mobiltel. 33 84 68 40 20 | €€)* ist das einzige Inselrestaurant. Ansonsten finden Sie auf der Piazzetta von Giannutri noch ein Caffè und ein Lebensmittelgeschäft.

Weitere Infos *bei www.islepark.it*

Die Fährgesellschaft *Maregiglio (Juni–Sept. tgl., Okt.–Mai Sa/So | Tel. 05 64 81 29 20 | www.maregiglio.it)* organisiert ab Porto Santo Stefano und der Insel Giglio Tagesausflüge auf die Insel Giannutri. Die Überfahrt dauert rund eine Stunde. Auch von Elba aus werden im Sommer Tagesfahrten organisiert (bei den Reisebüros erfragen). Sie können die Insel mit dem eigenen Boot anfahren, müssen jedoch ankern *(Cala dello Spalmatoio* oder *Cala Maestra)*. Um an der Mole anzulegen, braucht man eine Sondergenehmigung (nicht für Touristen). Weitere Infos bei *www. giannutri.org.*

MARCO POLO HIGHLIGHTS

★ **Capraia**
Atemberaubend sind die vielfarbigen Felsformationen der Insel – am besten vom Boot aus zu sehen → S. 76

★ **Giglio**
Urlaub wörtlich nehmen: Einfach nur am Hafen sitzen und das Treiben genießen → S. 80

★ **Montecristo**
Es ist ungeheuer beeindruckend, diesen abweisenden Granitkegel zu umfahren → S. 84

★ **Pianosa**
Auf der „Flachen" umgibt Sie ein Hauch römischen Landlebens → S. 85

GIGLIO

(127 E6) (🗺 I6) ★ Eine Bilderbuchinsel mit 1500 Einwohnern. Im kleinen Hafen liegen Fähre, Fischerboote und Yachten einträchtig nebeneinander.

Unter den Bäumen der gepflasterten Promenade sitzen Touristen neben Einheimischen vor den Bars und unterhalten sich über die Bergung der Costa Concordia, die 2013 abgeschlossen sein soll. Die kleinen Lokale tragen wie eh und je den Namen ihrer Besitzer(innen): *Da Meino, Da Maria*. Und die Tauchschulen heißen *Deep Blu (Campese | Via Provinciale 30 | Tel. 05 64 80 41 90 | www.divingcollege.it)* und *Max Shark (Porto | Via Oreglia 3 | Mobiltel. 32 98 02 27 37 | www.maxshark. it)*. Im Sommer jedoch wimmelt die Insel von Römern, die hier mit Vorliebe ihre Ferienwohnungen haben.

Giglio, die zweitgrößte Insel des Toskanischen Archipels, liegt geografisch gesehen näher an der Region Latium als an der Toskana. Der Granitblock von 22 km² Ausmaßen und 28 km Küstenlänge erhebt sich 15 km vom Festland entfernt. Drei Ortschaften sind ständig bewohnt: Hauptort ist das von einer imposanten Stadtmauer umringte *Giglio Castello* auf dem Gipfel der Insel. Das Bergdorf wird dominiert von einer Festung und besitzt im Zentrum die Kirche *San Pietro Apostolo* aus dem 15. Jh. Der pittoreske Fähr- und Fischerhafen *Giglio Porto* mit seinen pastellfarbenen Häusern, ist immer belebt, bietet aber abgesehen von der *Torre del Saraceno* (1596) am Südende des Hafens und dem *Museo Minera-*

SCHIFFSUNGLÜCK VON GIGLIO

Am 13. Januar 2012 rammte ein Kreuzfahrtschiff auf der Fahrt von Civitavecchia nach Savona unmittelbar vor der Insel Giglio einen vorgelagerten Felsen. An der Backbordseite der fast 300 m langen *Costa Concordia* bildete sich ein 70 m langer Riss. Der unter dem Kommando von Kapitän Francesco Schettino stehende Kreuzfahrtdampfer schlug leck und ging nördlich des Hafens von Giglio mit Schlagseite auf Grund. Während des Unglücks befanden sich 4229 Menschen an Bord, darunter etwa 1000 Besatzungsmitglieder. Die meisten Passagiere saßen beim Abendessen, als der Ozeanriese sank. Die zuständige Küstenwache in Livorno erfuhr nur zufällig von dem Unglück; ihre Rettungskräfte brachten viele Passagiere und Besatzungsmitglieder in Booten auf die Insel Giglio. An die 150 Menschen wurden aus dem Meer gerettet. Bei dem Unglück starben 32 Menschen. Gegen den Schiffsführer, der die Costa Concordia Stunden vor Ende der Evakuierung verlassen haben soll, wird ermittelt. Francesco Schettino soll absichtlich mit dem Kreuzfahrtschiff so nah an die Küste Giglios herangefahren sein, um mit dieser Geste einen ehemaligen Kollegen zu grüßen, der auf der Insel wohnt. Das aus dem Wasser vor dem Hafen von Giglio herausragende Wrack der Costa Concordia wurde im Jahr 2012 zum Touristenmagneten für die sonst so beschauliche Insel. Mit der schwierigsten und aufwendigsten Bergung in der Geschichte der Seefahrt wurde eine US-Firma betraut. Bei Redaktionsschluss dauerten die Bergungsarbeiten noch an.

logico (April–Sept. Mo–Fr 9–13 und 15–17 Uhr | Via Provinciale 9 | Eintritt frei) keine besonderen Attraktionen.

Der touristisch bedeutendste Ort auf der Ostseite ist *Giglio Campese* mit dem größten Sandstrand der Insel. Vom Hafen führt eine Straße nördlich in wenigen Minuten zum Strand *Cala dell'Arenella*, zu Fuß erreichen Sie ebenfalls die südlich vom Hafen gelegenen Strände *Cala delle Cannelle* und *Cala delle Caldane*.

Rund um die Insel können Sie kleine Buchten zum Baden mit dem Boot anfahren. Die beliebtesten Tauchreviere liegen um die Südspitze der Insel. Erkunden Sie aber auch das Landesinnere mit dem bis zu 498 m hohen Grat, der die ganze Insel durchzieht, denn Giglio besitzt ein INSIDER TIPP gut gekennzeichnetes Netz von Trekking- und Mountainbikerouten.

ESSEN & TRINKEN

DA MARIA

Im hoch gelegenen Giglio Castello mit Blick auf den Golf von Campese wird vor allem regionale Küche serviert. Mit hausgemachter Pasta und großer Weinauswahl. *Mi und Jan./Feb. geschl. | Giglio Castello | Via Casamatta 12 | Tel. 05 64 80 60 62 |* €€€

DA RUGGERO

Von einer Glasveranda aus können Sie ganz entspannt den Hafenbetrieb verfolgen – und dabei die Köstlichkeiten der Insel probieren. *Do und Jan.–Ostern geschl. | Giglio Porto | Via Umberto I | Tel. 05 64 80 92 53 |* €

LA VECCHIA PERGOLA

Unter einer Pergola mit Panoramablick auf die Bucht und guter Küche. *Mi und Okt.–Ostern geschl. | Giglio Porto | Via Thaon De Revel 30 | Tel. 05 64 80 90 80 |* €€

Giglios Markenzeichen: smaragdfarbenes Meer

AM ABEND

In Giglio Campese gibt es gleich mehrere Strandlokale mit guter Musik, manchmal auch Livekonzerte, z. B. im *Sarakeno's Pub (Via dell'Allume)*. Das Nachtleben in Castello ist dagegen etwas bewegter: Der Aperitif in der Bar *Perbacco* ist ein *must (Piazza Gloriosa)*, in der Bar *Scipio-*

ne (Via Vittorio Emanuele 6) ist auch immer etwas los und die beiden Diskotheken der Insel, I Lombi (Piazza dei Lombi) und Il Maneggio, befinden sich in einem ehemaligen Stall bzw. in der Nähe des Friedhofs von Giglio Castello.

ÜBERNACHTEN

ARENELLA
Dieses Hotel ist eine einzige Oase der Ruhe: harmonisch und elegant, mit Sauna und Fitnessstudio. *34 Zi. | Jan.–Mitte Okt. | Giglio Porto | Via Arenella 5 | Tel. 05 64 80 93 40 | www.hotelarenella.com | €€€*

INSIDER TIPP CASTELLO MONTICELLO
29 schöne Zimmer sind in dem restaurierten Schlösschen von 1920 entstanden. In dem guten Restaurant isst es sich besonders schön auf der Terrasse. *Mitte März–Mitte Sept. | Giglio Porto | Via Provinciale | Tel. 05 64 80 92 52 | www.hotelcastellomonticello.com | €€*

HOTEL CAMPESE
Das älteste Hotel der Insel liegt direkt am weiten Sandstrand von Campese. Vermietet werden auch acht Apartments in Giglio Porto mit Panoramablick. *39 Zi. | Ostern–Okt. | Giglio Campese | Via della Torre 18 | Tel. 05 64 80 40 03 | www.hotelcampese.com | €€*

INSIDER TIPP PARDINI'S HERMITAGE
Dieses ist ein Haus für Romantiker, Träumer und Individualisten hoch über den Klippen: Musikabende, Töpferkurse und eine Bibliothek. Sie werden mit dem hauseigenen Boot vom Hafen abgeholt, müssen aber dann die steile Steintreppe zur Oase hochlaufen. Es lohnt sich! *13 Zi. | April–Mitte Okt. | Ortsteil Cala degli Alberi | Tel. 05 64 80 90 34 | www.hermit.it | €€*

ANFAHRT

Mit der privaten Fährgesellschaft *Maregiglio (Tel. 05 64 81 29 20 | www.maregiglio.it)* oder aber der staatlichen Gesellschaft *Toremar (Callcenter Deutschland Tel. 06 11 14 0 20, in Italien Tel. 05 64 81 08 03 | eine Fahrt 10–12, Auto ab 35 Euro | www.toremar.it)* ab Porto Santo Stefano *(in der Hochsaison etwa stündliche Abfahrt, Hinfahrt ca. 6–19, Rückfahrt ca. 6–19.30 Uhr, eine Fahrt 7–10 Euro, Auto ab 30 Euro).* Von Elba aus können Sie während des Sommers mit *Aquavision (Tel. 05 65 97 60 22 | 10 Euro | www.aquavision.it)* Ausflüge von Porto Azzurro auf die Insel unternehmen.

Mit Ihrem eigenen Fahrzeug dürfen Sie ausschließlich während der Sommermonate nach Giglio reisen. In der Nebensaison muss das Auto auf dem Festland bleiben, was aber keine große Einschränkung bedeutet. Denn dann können Sie

Die Promenade in Giglio Porto legt sich mit ihren pastellfarbenen Häusern ums Hafenbecken

für die kurzen Strecken auf dem Eiland gegebenenfalls den Linienbus oder ein Taxi nehmen.

AUSKUNFT

PRO LOCO ISOLA DEL GIGLIO
Giglio Porto | Via Provinciale 9 | Tel. 05 64 80 94 00 | isoladelgiglio.it, www. giglioinfo.de

GORGONA

(126 B1) (ℳ h1) **Mit 5 km Küstenumfang ist die 2,2 km² große Insel die kleinste des Toskanischen Archipels.**
Wie der Buckel eines Wals erhebt sich Gorgona aus dem Meer. In der Höhe ragt ein Turm aus dem 17. Jh. in den Himmel – früher spähte man von hier nach anrückenden Sarazenen aus, heute nach flüchtenden Sträflingen. Seit Jahren redet man davon, die seit 1869 bestehende Strafanstalt aufzulösen und die Insel komplett für den Tourismus freizugeben. Seit ein paar Jahren ist das Alcatraz Italiens auch für geführte Urlaubergruppen zugänglich.

ANFAHRT

Gruppen von maximal 60 Besuchern, die sich vorher offiziell registrieren lassen müssen, dürfen die Insel im Rahmen einer geführten Tour anschauen. Die Ausflüge dauern von 8–19.30 Uhr, mindestens zehn Tage vor der Abfahrt ist eine Reservierung erforderlich. Fotoapparate und Mobiltelefone sind bei den Tagestouren ab Livorno tabu. *Gorgona Cooperativa Sociale | Via Alessandro Pannocchia 49 | Livorno | 68 Euro | Mobiltel. 32 09 60 65 60 | www.coopgorgona.it* Informationen auch unter *www.atelier delviaggio.it*

MONTE-CRISTO

(126 C6) (*m j6*) ★ **Von undurchdring-licher Macchia bewachsen und von wil-den Ziegen bevölkert, erhebt sich die Insel 645 m kegelförmig aus dem Meer.**

Alexandre Dumas machte Mitte des 19. Jhs. mit seinem Zeitungsroman „Der Graf von Montecristo" *(S. 90)* die Insel weltbekannt. In der Abenteuergeschichte dient sie dem durch Intrigen um Braut, Kapitänspatent und Freiheit gebrachten Seemann Edmond Dantès nicht nur als Pseudonym für seinen Rachefeldzug ge-gen die alten Feinde. Die Hauptfigur birgt

Montechristo: eine der unzugänglichsten und wildesten Inseln des toskanischen Archipels

Auf der Insel wohnen lediglich zwei Förster, und es gibt weder einen Strand noch eine Anlegestelle – trotz 16 km Küstenlänge. Montecristo ist, touristisch gesehen, ein unwirtliches Eiland – nicht jedoch für Biologen und Ornithologen. In den Gewässern vor Montecristo sind seltene Mönchsrobben heimisch und vor der Westküste hat sich eine Sturmtau-cherkolonie angesiedelt.

auf der unbewohnten Insel auch einen sagenhaften Schatz. Heute ist Monte-cristos Natur der große Schatz, den es zu schützen gilt.

ANFAHRT

Die Genehmigung – auf Beschluss des Europarates für nicht mehr als 1000 Besucher pro Jahr (!) – ist außerordentlich schwer zu erhalten und muss mindestens ein Jahr im Voraus beantragt werden *(Corpo Forestale dello Stato | Tel. 0 56 64 00 19 | www.corpoforestale.it)*. Einige Reedereien auf Elba haben die Umfahrung der Insel in ihr Rundfahrtangebot aufgenommen. *Auskunft bei den Infobüros auf Elba*

PIANOSA

(126 C5) *(ﾉ j5)* ⭐ 🔴 **Mit Recht trägt diese nur 10 km² große Insel mit einem Küstenumfang von 26 km den Namen „die Flache", denn die höchste Erhebung beträgt 27 m!**

Auch sie hat ihr Geheimnis: *Katakomben* aus dem 3. und 4. nachchristlichen Jh., die südlich des kleinen Hafens in den Fels gehauen wurden. Die Überreste einer großen *römischen Villa* (rund 12 v. Chr. bis 14 n. Chr.) sind – im Osten teilweise unter Wasser – in der *Cala Giovanna* zu sehen. Sie gehörte einst Marco Giulio Agrippa Postumo, der von seinem Onkel, Kaiser Augustus, aus Rom vertriebenen worden war. Ein schöner alter Torbogen durchbricht die Hafenmauer und führt hinauf zu den wenigen Häusern. Pianosa diente 1858–1997 als Strafkolonie vor allem für Mafiabosse. Auf Pianosa war im Jahr 1932 auch der Antifaschist Sandro Pertini, von 1978 bis 1985 italienischer Staatspräsident, inhaftiert. Nach der Schließung des Gefängnisses haben sich rund 30 Benediktinermönche auf der Insel angesiedelt, wo sie Landwirtschaft betreiben.

ANFAHRT

Die Besucherzahl ist limitiert: Nur ca. 250 Personen können täglich (April–Okt.) die Insel besuchen. Während der Saison finden von Marina di Campo, Marciana Marina, Rio Marina und Porto Azzurro täglich Ausflüge nach Pianosa statt *(Infos und Buchung bei allen Reisebüros auf Elba)*. Der Anbieter *Il Viottolo* organisiert auch Kajaktouren und Ausflüge mit dem Mountainbike. Der Veranstalter *Emozioni* bietet Inseltouren mit der Kutsche oder dem Bus *(jeweils 39 Euro)*. Anbieter: *Il Viottolo | Tel. 05 65 97 80 05 | 25–95 Euro | www.ilviottolo.com; Aquavision | Mobiltel. 32 87 09 54 70 | 24 Euro | www.aquavision.it; Toremar | Tel. 05 65 96 20 73 | 18/20 Euro | www.toremar.it; Emozioni Mediterranee | Tel. 05 65 97 80 04, Mobiltel. 32 86 78 17 55 | www.emozionimediterranee.it*

AUSFLÜGE & TOUREN

Die Touren sind im Reiseatlas, in der Faltkarte und auf dem hinteren Umschlag grün markiert

1 MIT DEM MOUNTAIN-BIKE VON KÜSTE ZU KÜSTE

Möchten Sie Elba von Marciana Marina nach Marina di Campo einmal durchqueren, so sollten Sie sich auf eine Menge Schweiß, aber auch auf viele unvergessliche Eindrücke gefasst machen. Länge: 20 km, Dauer: 1 Tag

Von **Marciana Marina** → S. 64 aus nehmen Sie Kurs auf den Ort Marciana Alta und fahren in Serpentinen zunächst 375 m steil bergan. **Marciana Alta** → S. 63 rechts liegen lassend, stoßen Sie etwa 300 m nach dem Ortsende links auf das Schild „Cabinovia". Eine steile, kurze Straße führt zur Talstation der kleinen Seilbahn, die Fußgänger in 15 Minuten zum Gipfel des **Monte Capanne** → S. 64 trägt. Serpentinen steigen von der Talstation weiter durch einen Wald mit uralten Kastanien Richtung Poggio. An einer scharfen Linkskurve bietet sich der Platz um die **Fonte Napoleone** zu kurzer Rast an, denn hier darf sich jeder kostenlos von der Quelle bedienen.

Auf der Hauptstrecke weiter folgt der Spurt bis hinauf nach **Poggio** → S. 70. Sie umfahren dann die Kuppe, auf der sich die uralten Häuser gruppieren. Gleich rechts liegt hier eines der bekanntesten Restaurants der Insel: **Publius** → S. 70, in dem Sie sich für die bisher gestrampelten Kilometer mit einer Portion hausgemachter Pasta belohnen – und für die noch kommenden schon mal stärken können.

Bild: Blick auf Marciana Alta

Meer, Macchia und Monti:
Elbas Natur ist vielfältig. Die besten Plätze
erreichen Sie zu Fuß, per Rad oder im Kajak

Anschließend fahren Sie die 50 m bis zur Straße in Richtung **Marina di Campo** zurück. Diese schmale Straße mit teils gefährlichen Kurven zieht sich den Berg hinauf bis zum Kamm des **Monte Perone** (603 m), ein beliebtes Ausflugsziel, zu dem Sie aufsteigen können, wenn Sie Zeit und ausreichend Kondition haben. Wieder unten angelangt, radeln Sie nach einer letzten steilen Rechtskurve durch einen nahezu ebenen Pinienwald, der Sie für alle vorherigen Mühen entschädigt.

Nun geht es flott bergab, nach 1,5 km taucht die romanische Kirche **San Giovanni** mit eingestürztem Dachgebälk auf, kurz dahinter die **Torre di San Giovanni**, ein renovierter Wachturm aus pisanischer Zeit, bis Sie an der Kreuzung Sant'Ilario/San Piero in Campo ankommen. Sie fahren nun rechts nach **San Piero in Campo** → S. 60. Anschließend geht es ca. 4 km weiter den Hang hinunter, an der großen Straßenkreuzung links und dann noch 1 km bis nach **Marina di Campo** → S. 68.

② IM PARADIES DER SCHMETTERLINGE

Am Nordosthang des Monte Capanne finden Ritterfalter und Admirale ideale Lebensbedingungen vor. Der Schmetterlingspfad eignet sich für die ganze Familie. Länge: 3 km, Dauer: 1,5 Stunden

Parken Sie Ihren Wagen auf dem Picknickplatz des **Monte Perone**. Der gut ausgeschilderte Weg (Kartenmaterial gibt's im Besucherzentrum des Nationalparks in Marciana Alta) führt durch einen **Pinienwald**, in dem zahllose Schmetterlinge umherflattern. Da ein Teil dieses **Naturlehrpfads** für italienischsprachige Sehbehinderte eingerichtet worden ist, sind die Wege mit Handläufen ausgestattet. Es gibt zahlreiche Schautafeln und Bänke zum Ausruhen.

Nachdem Sie sich auf den Tafeln vergewissert haben, dass Sie gerade prächtige Ritterfalter und rotbraune Ochsenaugen gesehen haben, erreichen Sie **mit Strohblumen bedeckte Wiesen** – ein wahres Schmetterlingsparadies, das von lauter Faltern und Bläulingen umschwirrt wird. Falls Sie sich irgendwann an dem Farbenspiel ihrer bunten Muster sattgesehen haben sollten, erreichen Sie eine Weggabelung. Auf dem manchmal ein wenig anspruchsvollen Weg geht es nun links hinauf auf den **Hügel Le Calanche**. Ein herrliches Fleckchen Erde aus Buschwald, duftenden Kräuterwiesen und felsigen Abschnitten. Genießen Sie zwischendurch den Weitblick auf den Süden Elbas, über das tiefblaue Meer bis hin zur Küste der Toskana, bevor Sie zurück zu Ihrem Ausgangspunkt absteigen. Wenn Sie sich vor dem Ausflug mit Käse, Brot und Tomaten eingedeckt haben, können Sie nach der Wanderung zünftig picknicken. Einen schönen **Picknickplatz** gibt es nicht nur am Hang des Monte Perone, sondern an vielen weiteren Stellen auf der Insel.

Durchstreifen Sie die hübschen Gassen von Capoliveri, bevor Sie zur Bergtour aufbrechen

EINMAL RUND UM DEN MONTE CALAMITA WANDERN

Diesen längeren **Panoramaweg schaffen Sie auch, wenn Sie über wenig Wandererfahrung verfügen. Ausgangspunkt ist die Piazza del Cavatore in der Nähe des Rathauses von Capoliveri. Länge: 12 km, Dauer: 4,5 Stunden**

Auf einer kaum befahrenen Straße geht es durch **Capoliveri → S. 46**, bis der Wegweiser *Escursione Panoramica* schließlich steil bergauf nach oben zeigt. Die vorübergehenden Mühen werden mit einem fantastischen Blick über den Golf von Mola belohnt. Fortan säumen Ginster und Lavendel Ihren Weg. Immer wieder können Sie wilde Orchideen am Wegrand bewundern. Außer Zistrosen, die im Frühjahr so wunderschön weiß-rosa blühen, kommen Sie an Schatten spendenden Pinienwäldern, Korkeichen und Erika vorbei. Aus der Panoramaperspektive sieht die von türkisblauem Wasser umspülte Innamorata-Bucht besonders verlockend aus und an guten Tagen können Sie in der Ferne bis zum Golf von Portoferraio hinüberschauen. Auf jeden Fall sehen Sie rund um die verlassenen Steinbrüche dieser mineralienhaltigen Gegend, wie die Eisenoxide im Sonnenlicht funkeln. Schließlich verdankt der Magnetberg seinen Namen dem silber-goldenen Magneteisenstein (Calamita), das hier seit dem Altertum bis in die 70er-Jahre des vorigen Jahrhunderts abgebaut wurde. Bei **Poggio Fino** haben Sie den östlichsten Punkt der Wanderung erreicht. Nun geht es weiter in Richtung Westen. Manchmal lauern Turmfalken und Mäusebussarde in den höher gelegenen Felsvorsprüngen. Plötzlich haben Sie von Ihrem Höhenweg aus den Strand von Naregno im Sichtfeld. Am Nordhang des Monte Calamita wuchern Mimosen, in den Feuchtgebieten wachsen Farne. Sie durchqueren einen weiteren **Pinienwald,** bevor Sie zu einer ausgeschilderten Abzweigung gelangen. Ein tiefer gelegener **Forstweg** bringt Sie zurück zu Ihrem Ausgangspunkt Capoliveri. Fahren Sie von hier aus mit dem Auto in die **Cala dell'Innamorata → S. 47**, wo sie nach einem Erfrischungsbad im **Restaurant Conte Domingo → S. 47** essen gehen können.

MIT DEM SEEKAJAK DIE SÜDKÜSTE ENTLANG

Von der Wasserseite aus entdecken Sie bei dieser geführten Tour Elbas wunderschöne Küste: Mit dem Seekajak von Marina di Campo nach Lacona paddeln. Länge: 10 km, Dauer 5 Stunden

Reservekleidung und Wertgegenstände werden ebenso wasserdicht verstaut wie Getränke und Snacks. Nachdem der Guide den Umgang mit Boot und Paddeln erklärt hat, kann es losgehen. Der Ausflug beginnt am Strand von **Marina di Campo → S. 68**. Mit der linken Schulter am Golf gleitet Ihr Seekajak mit seinem geringen Tiefgang an **herausragenden Felsnasen** vorbei durchs spiegelglatte Wasser. Ein wenig Übung ist schon gefragt bei dieser Tour, die nur bei gutem Wetter ohne allzu starke Windböen möglich ist.

Porto Caccamo heißt die erste Etappe. Sie passieren mehrere malerische Buchten, paddeln an schwarzen Klippen und hellen Granitfelsen vorbei. Während dieses Ausflugs lernen Sie den **Golf von Fonza** und die **Punta del Priolo** kennen. Für seine weißen Granitfelsen, die einen wunderschönen Kontrast zum türkisblauen Meer abgeben, ist **Longio** bekannt. Es folgen **Punta le Mete** und die bei Meerbarben beliebten Klippen **Scoglio della Triglia** – die reichen Fischvorkommen vorbeiziehender Barbenschwärme zeichnen sich durch die Wasseroberfläche ab. Einige Paddelschläge weiter gelangen Sie nach **Ripa Nera** und in die Bucht **Cala del Fico**. In der Nähe gibt es eine kleine **Grotte mit Süßwasserquelle** – ein herrlicher Platz zum Baden. Packen Sie unbedingt die Tauchmaske und einen Schnorchel ein: Anhand der fast unwirklich scheinenden unscharfen Umrisse erkennen Sie unterhalb der Wasseroberfläche, wie Süß- und Salzwasser sich wabernd miteinander vermischen. Diese Bucht ist besonders fischreich. Das sehen Sie auch an den vielen jagenden Kormoranen, die sich von Felsvorsprüngen in die Tiefe stürzen. Die Tour geht im Seekajak weiter. Sie kommen zu einer aus dem Wasser ragenden, gut 70 m hohen **Granitsäule**, die von traumhaft sauberem Wasser umspült wird. Der Blick reicht durch Fischschwärme bis auf den Meeresgrund. Zwischen dem **Strand von Paradiso**, der diesen Namen völlig zu Recht trägt, und der Bucht **Cala dell'Inferno**, in der eine große Möwenkolonie beheimatet ist, haben Sie Gelegenheit zu einer weiteren Bade- und Picknickpause.

Sie umschiffen noch einige Klippen, bevor Sie schließlich am belebten Strand von **Lacona** → S. 51 ankommen. Anschließend können Sie am Strand von Lacona noch in der **Pizzeria Angiò** → S. 52 einkehren.

Geführte Seekajak-Touren von Marina di Campo nach Lacona bietet der Outdoor-Veranstalter *Il Viottolo (www.ilviottolo. com)* an.

5 WALDWANDERUNG IM NORDEN VON GIGLIO

Bei dieser einfachen Wanderung vom malerisch gelege-

BÜCHER & FILME

▶ **„N"** – Die Inseln haben längst nicht so stark wie das toskanische Festland Filmemacher zu ihren Werken inspiriert. Lediglich dieser im Jahr 2005 gedrehte Napoleon-Schinken spielt auf Elba

▶ **Der Graf von Montecristo** – Als spannende Reiselektüre empfiehlt sich noch immer Alexandre Dumas' Abenteuerroman von 1854, der mehrfach verfilmt wurde, z. B. 1998 als TV-Vierteiler mit Gérard Depardieu. Gedreht wurde jedoch immer an anderen Orten

▶ **Napoleon** – Ihr Wissen über Elbas berühmtesten Besucher können Sie durch die Monografie von Volker Ullrich erweitern

▶ **Oma Aduas Rezepte** – An ihrem Bücherstand vor der Villa San Martino hat Nonna Adua schon Kochbücher an Mick Jagger verkauft. Ihre Sammlung elbanischer Rezepte gibt es auch auf Deutsch. *www.nonna-adua.com*

▶ **Magdalenas Garten** – Roman über eine deutsche Frau, die nichts über ihren Vater weiß, außer, dass er von Elba stammt. Die ideale Urlaubslektüre von Stefanie Gerstenberger

▶ **Elba: Die schönsten Tal- und Höhenwanderungen** – Wolfgang Heitzmann und Renate Gabriel stellen 40 Spaziergänge, Wanderungen und Bergtouren auf Elba vor

Vom Castello mit Traumblick führt der Weg durch Steineichenwald zum größten Strand Giglios

nen Giglio Castello im Inselinneren bis zum Badeort Campese überwinden Sie 374 Höhenmeter. Länge: 3,6 km, Dauer: 2 Std.

Ausgangspunkt der Tour durch den Wald **Bosco del Dolce** ist die **Piazza Gloriosa**, die Sie vom Hafen aus bequem mit dem Bus erreichen. Nachdem Sie von dem 400 m über dem Meeresspiegel gelegenen **☀ Castello** den traumhaften Blick über das Meer und Giannutri bis Monte Argentario ausgekostet haben, beginnt der Spaziergang zunächst auf einer asphaltierten Straße in Richtung Capel Rosso. Folgen Sie dann den Schildern in Richtung La Felce und Sie erreichen einen mediterranen **Steineichenwald**, in dem Myrte und Wildkräuter ihren Duft verströmen. Sie kommen an Lichtungen und kleinen Teichen vorbei. Achten Sie auf Quakgeräusche der *Sardischen Scheibenzüngler,* diese Froschlurche sind in der

Gegend zu Hause. Hier und da deuten die Überbleibsel von Kohlemeilern, geschichtete Holzhaufen, darauf hin, dass die Einwohner von Giglio diesen Platz für die Gewinnung von Holzkohle nutzen. Auf dem Weg hinunter zur Küste erreichen Sie von Macchia überwucherte **Weingärten**. In den teilweise in den Granit geschlagenen Kelterwannen, sogenannten *Capanelli,* wurden die Trauben früher mit den Füßen zerstampft. Schließlich erreichen Sie den Küstenort **Campese** mit dem größten Strand von Giglio. Legen Sie ihre Wanderung auf den Nachmittag, die Sonnenuntergänge von Campese sind legendär. Nach einem Erfrischungsbad sollten Sie in einer der **Strandbars → S. 81** ein Kaltgetränk bestellen und zusehen, wie die rote Sonne im Meer versinkt. Anschließend können Sie von Campese aus mit dem Bus zurück nach Giglio Castello oder aber nach Porto fahren,

SPORT & AKTIVITÄTEN

Auf den Inseln bestimmt das Meer das sportliche Leben, aber Sie können in der hügeligen Landschaft auch bestens Golfen, Reiten, Klettern, Trekken und Biken.

BOOTSTOUREN & VERLEIH

Bei 3- bis 4-stündigen Bootsfahrten (oder einer Wochenendtour) entlang der Küste oder zu den Nachbarinseln des Archipels lernen Sie mit Führung schnorchelnd die Schönheiten der Insel unter und über Wasser kennen *(Il Genio del Bosco | Calata Italia 26 | Portoferraio | Tel. 05 65 94 43 74 | www.elbanet.biz)*. *Bagni Lacona (Spiaggia di Lacona | Tel. 05 65 96 43 64)* vermietet Schlauchboote mit E-Starter (bis 8 Pers.), Motor- und Segelboote, Kanus, Jetskier, Surfbretter und Wasserskier. *Spazio Mare (Porto Azzurro, Spiaggia La Rossa, Via Veneto, gleich beim Ortseingang rechts | Tel. 0 56 59 51 12 | www.spaziomare.it)* vermietet Schlauch- und Motorboote, Kabinensegler und Kajaks .

FREECLIMBING

Auf Elba stehen einige wunderschöne Klettergärten zur Auswahl, die Anfängern und Fortgeschrittenen direkt am Strand oder im Inland hervorragende Freeclimbing-Möglichkeiten bieten. Die beliebtesten Kletterrouten liegen in Fetovaia, in Sant'Andrea, in der Nähe von Marciana sowie an der Costa dei Gabbiani. Wer die Wände auf eigene Faust emporklimmt, benötigt einen Kletter-

Nicht nur Wassersport: Aktivurlauber können sich auf den Inseln in vielen Sportarten erproben

führer. Informationen über die Routen finden Freeclimber auf *www.infoelba. net* unter Sport und Freizeit. Im *Elba Freeclimbing Club (Portoferraio | Ortsteil Antiche Saline | Via Montecristo 16 | Tel. 05 65 91 71 40)* können Anfänger Kurse und geführte Touren mit Profis buchen.

GLEITSCHIRMFLIEGEN

Guiseppe Brotto führt die Gruppe der Gleitflieger an. Wenn Sie an diesem Sport interessiert sind oder **INSIDER TIPP** ➤ im

Zweierschirm über die Insel gleiten wollen, wenden Sie sich an ihn. *Residence Itelba | April–Okt. | Capoliveri, Ortsteil Norsi | Tel. 05 65 94 00 96 | www.itelba.it*

GOLFEN

Für Golfer gibt es zwei Plätze auf der Insel, beide nahe Portoferraio. *Elba Golf Club dell'Acquabona (9 Löcher | Anf. Feb.–Mitte Jan., in der Nebensaison Mo geschl. | Ortsteil Acquabona, an der Stra-ße von Portoferraio nach Porto Azzurro |*

Eine Mountainbiketour über Elba:
Krafttraining mit tollen Ausblicken

*Tel. 05 65 94 00 66 | www.elbagolfacqua
bona.it):* auch für Nichtmitglieder mit
internationaler Platzreife; Schläger und
Bälle können geliehen werden. *Golf Club
Hermitage (April–Mitte Okt. | Ortsteil
Biodola | Tel. 05 65 97 40 | www.golfher
mitage.it):* Auch dieser 9-Loch-Platz des
Hotels Hermitage kann von Nichthaus-
gästen bespielt werden.

KAJAKFAHREN

Der gut organisierte Anbieter *Il Viottolo*
veranstaltet Halbtags- und Tagesausflüge
oder eine **INSIDER TIPP Umrundung Elbas
in sieben Etappen** mit Pausen in einstigen Piratenbuchten. *Mitte Juni–Mitte
Okt. | Via Fucini 279 | Tel. 05 65 97 80 05 |
www.ilviottolo.com*

MOUNTAINBIKEN

Auf der Webseite *www.aptelba.it* finden
Sie **INSIDER TIPP sechs Routen von un-
terschiedlicher Länge und Schwierigkeit.**
TWN (Anf. April–Nov. | Tel. 05 65 91 46 66 |

www.twn-rent.it) vermietet Räder in Portoferraio, Marina di Campo und Lacona.

REITEN

Ausritte mit und ohne Begleitung in
Procchio sowie Reitstunden für Erwachse-
ne und Kinder organisiert *L.E. Farms (Juni–
Sept. | Ortsteil Literno | Tel. 05 65 97 90 90,
Mobiltel. 33 93 14 71 79 | l.e.farms@elba
link.it)*, und das ganze Jahr über veranstaltet der *Centro Ippico Elbano (Porto-
ferraio, Ortsteil Monte Orello | Mobiltel.
34 76 39 57 04 | elbaacavallo@tiscali.it)*
Ausritte über die Insel.

SEGELN & SURFEN

In beinahe allen Badeorten gibt es Se-
gelschulen, in denen man auch Boote
mieten kann. Die größte deutschsprachige Segelschule auf Elba, *DHH Yacht-
schule Elba (Portoferraio, auf dem Ge-
lände der Pension Grotte del Paradiso |
Tel. 05 65 93 33 29, Tel. in Deutschland
040 44 11 42 50 | www.dhh.de)*, bietet
Grundkurse schon für 7-Jährige! Den
für europäische Binnengewässer gül-
tigen SBF-Schein, den Sportseeschif-
fer- und andere Scheine können Sie
hier in zwei- bis dreiwöchigen Kursen
machen. **INSIDER TIPP** *Elba Charter
Procchio (Strand von Procchio | Mobiltel.
3 80 53 81 47 | www.segelschule-elba.de)*
ist eine vom DSV anerkannte Segelschule.
Auch Törns und Bootsverleih. Das *Segel-
zentrum Elba (Ende März–Mitte Okt. | Tel.
05 65 96 10 90, Tel. in Deutschland 02236
6 55 05 | www.segelferien.de)* in dem
kleinen Fischerdörfchen *Bagnaia* mit net-
ten Apartments hat sich besonders auf
Segelferien inklusive Kinderbetreuung
für die ganze Familie eingerichtet.
Surfbretter kann man überall mieten.
Stefano Ferraris organisiert am Strand
von Marina di Campo bei *Zephyr (Ende*

April–Mitte Okt. | Marina di Campo, Ortsteil La Foce | Mobiltel. 33 89 04 83 48 | www.zephyr-w.com) wöchentliche Kurse für Anfänger und Fortgeschrittene.

TAUCHEN

Die unberührten und abwechslungsreichen Unterwasserreviere vor Elbas Küste sind ein Paradies für Taucher. Der nordwestliche Teil des Meers wurde zum Unterwasserschutzpark erklärt. Der Freitaucher Jacques Mayol lebte in Capoliveri – vor der Südostküste erinnert ein Denkmal in 16 m Tiefe an den Unterwassersportler. Für Flaschentaucher gibt es rund um Elba etwa 40 Tauchplätze. Am bekanntesten ist das Wrack des Frachters Pomonte. Da es in geringen Tiefen liegt, können es schon Anfänger erkunden. Anerkannte Tauchschule mit Kursangeboten auf Deutsch ist *Marelino Sub (Mitte März–Okt. | Capoliveri, Ortsteil Madonna delle Grazie | Mobiltel. 33 33 80 57 51 | www.marelinosub.com)*. Dasselbe gilt für die Schule *Spiro Sub Elba (Via della Foce 27 | Tel. 05 65 97 61 02, Mobiltel. 33 82 68 93 79 | www.spirosub.isoladelba.it)* in Marina di Campo.

TENNIS

Größere Hotels haben eigene Tennisplätze, auf denen oft auch Gäste spielen dürfen. Öffentliche Plätze liegen am südlichen Stadtrand von Portoferraio *(Tennis Club Isola d'Elba | Ortsteil San Giovanni | Tel. 05 65 91 53 66 | www.elbatennis.it)*. Auch der Tennisclub *Porto Azzurro (Porto Azzurro, Ortsteil Santissimo | Mobiltel. 34 06 26 51 04)* besitzt drei Plätze.

TREKKING & WANDERN

Elba ist ideal zum Wandern und besitzt viele markierte Routen. Wanderführer und Spezialkarten der Mineralvorkommen finden Sie in großer Auswahl in der Buchhandlung *Il Libraio* in Portoferraio. Ein- und mehrtägige Trekkingtouren werden organisiert von *Il Viottolo (Mitte Juni–Mitte Okt. | Marina di Campo | Via Fucini 279 | Tel. 05 65 97 80 05 | www.ilviottolo.com)* und von *Il Genio del Bosco (Portoferraio | Calata Italia 26 | Tel. 05 65 94 43 74 | www.elbanet.biz)*. Gute Trekkingrouten gibt's auch bei *www.aptelba.it*. Jedes Jahr von Anfang April bis Anfang Mai und von Ende Sept. bis Anfang Nov. feiern die Inseln des Toskanischen Archipels ein ● **INSIDER TIPP** Wanderfestival *(Infos unter Tel. 05 65 91 41 11 | www.islepark.it und www.tuscanywalkingfestival.it)* mit geführten Touren zum Nulltarif.

Mit dem Segelboot die Inseln des Toskanischen Archipels entdecken

MIT KINDERN UNTERWEGS

Italiener lieben Kinder über alles, doch Spielplätze oder Freizeitparks suchte man bis vor wenigen Jahren noch vergebens, ebenso Kindermenüs im Restaurant.

Inzwischen ist Italien das Land mit der niedrigsten Geburtenrate Europas geworden – und der kostbare Nachwuchs wird plötzlich überall umsorgt und verhätschelt. Schaukeln vor dem Restaurant und Kindersitze sind keine Seltenheit mehr, und der Wirt serviert den Kleinen gern eine *mezza porzione*, eine halbe Portion, Spaghetti.

Auch die Gemeinden haben sich etwas überlegt, was jungen Eltern und ihren Kindern manchmal gleichermaßen Spaß macht: Vergnügungsparks. Wenn ein steifer Wind pfeift und am Strand die rote Flagge gehisst wird, ist ein solcher Park als Alternative der Hit.

Sandstrände gibt es nicht allzu viele auf Elba, also findet das so beliebte Bauen von Sandburgen seltener statt, aber wie wäre es mit einem Abenteuerausflug per Boot, einer Trekking- oder Mountainbiketour oder einer Seilbahnfahrt? Und überall auf der Insel gibt es Schwimm-, Tauch-, Segel- oder auch Tenniskurse. Planen Sie solche Aktivitäten schon vor der Reise und lassen Sie sie am besten bereits durch das Hotel buchen. Während der Hauptsaison finden auch spezielle Veranstaltungen für Kinder, z. B. Reit-, Tauch- und Schwimmwettbewerbe statt, und bei den vielen Volksfesten gibt es Amüsantes und Interessantes auch für die Kleinen.

Bild: Mineraliensuche im alten Bergwerk

Langeweile kommt bei Groß und Klein garantiert nicht auf: Mit ein wenig Fantasie wird Elba zur Abenteuerinsel

AUF DEN PFADEN DER PIRATEN

Sie waren einst eine ernste Bedrohung für Elbas Bewohner. Heute können Kinder zwischen 5 und 12 Jahren spielerisch den Spuren der Piraten folgen und nach verborgenen Schätzen suchen: Elbas Tourismusbüro gibt eine Broschure heraus, die dem Trekking-Nachwuchs die Naturschönheiten der Insel nahe bringen soll. Das kostenlose Heft mit Wandertipps für Kids heißt *Sui sentieri dei pirati alla ricerca dei tesori* und ist in den Touristeninformationen *(Tel. 05 65 91 46 71)* erhältlich.

IM REICH VON NEMO & PAUL

Rund um Elba gibt es zwar keine Anemonenfische wie Nemo, dafür aber so faszinierende Meereswesen wie Mondfische und Kraken (das WM-Orakel Paul stammte bekanntermaßen aus den Gewässern vor Elba). Schon ab 5 Jahren können Kinder von der Wasseroberfläche aus auf Tuchfühlung mit der maritimen Welt gehen, Kinder ab 8 Jahren dürfen erste Unterwasserversuche unternehmen und für den Tauchernachwuchs ab 10 Jahren gibt es ein breites Ausbildungsangebot von Wrack- bis Rettungstauchen. *Diving in Elba (Portoferraio in San Giovanni im Hotel Airone, am Biodola-Strand im Hotel Hermitage, am Strand von Procchio im Zentrum Sporting Life Beach | Tauchkurse für Kinder ab 50 Euro | www.divinginelba. com)* hat mehrere Kindertauchkurse in Portoferraio, Biodola und Procchio im Programm.

PORTOFERRAIO & UMGEBUNG

INSIDER TIPP ▶ **MOTONAVI NAUTILUS**

Bequem und trocken können Sie die Unterwasserwelt um Elba von Bord der beiden Nautilusschiffe betrachten, deren 80 m²-Rumpf vollkommen aus Glas ist.
Das erste Nautilus umrundet in zwei Stunden morgens von *Portoferraio* (121 E2) *(∅ J3–4)* aus die weitgehend unberührte Halbinsel mit der einzigartigen Steilküste Richtung Westen, über das Kap Enfola hinaus, bis in den Golf von Viticcio – ein beliebtes Tauchrevier

(April–Mitte Okt., Abfahrt 10.30 Uhr). Am Nachmittag sticht die andere ● *Nautilus* in *Marciana Marina* (119 E1) *(∅ E4)* in See, nimmt Sie und Ihre Kinder fährt entlang der Westküste bis zum Wrack eines Schiffs, das vor etwa 30 Jahren unterging und bei den Klippen von Ogliera vor Pomonte auf Grund liegt *(Abfahrt Anfang Juli–Mitte Sept. tgl. 14.30 und Mo–Fr 17 Uhr, Ende April–Anfang Juli und Mitte Sept.–Mitte Okt. 15.30 Uhr)*. *Erwachsene 18, Kinder bis zu 12 Jahren 10 Euro | Fahrkarten an Bord | Tel. Info und Reservierung Mobiltel. 32 87 09 54 70 | www.aquavision.it*

DER OSTEN

DUNA PARK (121 D5) *(∅ J6)*

Am westlichen Ortseingang von Lacona befindet sich auf 20 000 m² ein Freizeitpark, in dem vor allem an kleinere Kinder bis 8 Jahre gedacht wurde: Trampoline, aufgeblasene Luftschlösser und Burgen zum Rumspringen, ein Spielplatz sowie

Heute keine Lust auf die Spiaggia di Capo Bianco? Elba bietet reichlich spannende Ziele

Minigolf und eine Bar für die Großen. *Mai an Sa/So 15–20, Juni und Sept. tgl. 17–23, Juli und Aug. tgl. 18–1 Uhr, Öffnungszeiten können sich wetterbedingt verschieben | Ortsteil Lacona | Viale dei Golfi | kein Eintritt – man zahlt, was man benutzt*

PARCO GIOCHI AMADEUS
(125 E2) (⊙ M6)

Keine Lust auf Meer und Strand? Etwa 1 km außerhalb von Porto Azzurro an der Straße nach Rio Marina wurde ein 15 000 m² großes Gelände oberhalb des Golfo di Barbarossa zu einem Vergnügungspark für Kinder und Erwachsene ausgebaut. Für die Kleinsten gibt es Luftkissenattraktionen, Schaukeln, Rutschen und vieles mehr, für die Größeren u. a. einen 18-Loch-Minigolfplatz und eine Gokartpiste auf Kunsteis. Man kann mit kleinen Elektrojeeps durch das Gelände düsen, und an heißen Tagen sorgt eine Fahrt im Acquascooter für ersehnte Abkühlung. Pizzeria, Pub und am Abend Tanzmusik. *Ostern–Sept. tgl. 18–2 Uhr | Ortsteil Sassi Turchini | kein Eintritt – man bezahlt, was man benutzt*

LA PICCOLA MINIERA/
MUSEO MINERARIO ETRUSCO
(125 D3) (⊙ M6)

Mit dem Zug durch das Bergwerk: In der „kleinen Mine" fahren Sie eine Viertelstunde durch einen Stollen und bekommen dabei alles Wissenswerte erklärt (im Allgemeinen auf Italienisch, wenn Sie Glück haben, aber auch auf Deutsch). Doch selbst ohne Italienischkenntnisse ist die Fahrt für Ihre Kinder spannend. In dem etruskischen Mineralienmuseum nebenan können Sie sehen, wie schon vor über 3000 Jahren auf der Insel Mineralien abgebaut und verarbeitet wurden. *April, Mai und Sept. tgl. 9–13 und 14.30–19, Juni–Aug. 9–20 Uhr, März und Okt. reduzierte Öffnungszeiten, Bergwerkfahrt um 11.30 und 16.30 Uhr | Porto Azzurro | Ortsteil Pianetto | rechts an der Straße nach Rio Marina | Eintritt Erwachsene: kompletter Rundgang 9 Euro, nur Mine 7 Euro, nur Museum 4 Euro, Kinder unter 5 Jahren gratis; Eintritt Kinder 5–12 Jahre: kompletter Rundgang 7,50 Euro, nur Mine 5,50 Euro, nur Museum 2 Euro | www.lapiccolaminiera.it*

DER WESTEN

FESTA DE' LI BAMBOLI
(120 A6) (⊙ F7)

Jedes Jahr am 15. August, steht in Marina di Campo traditionell das Puppenfest mit Sackhüpfen und gemeinsamem Spaghetti-Essen auf dem Programm. Das Kinderfest beginnt am Nachmittag und dauert bis in die Abendstunden. Alle Familien treffen sich auf der Piazza della Fonte. Der Eintritt ist frei.

L'ISOLA DEI PIRATI **(120 A4) (⊙ F6)**

Auf der Verbindungsstraße von Procchio nach Marina di Campo gelegen, können Jugendliche ihre ersten Fahrkünste auf der dort eingerichteten Gokartpiste *(Campo nell'Elba, Ortsteil Zuffale | Ostern–Sept. tgl. 17–24 Uhr | Gokart 8 Min. 10 Euro)* testen, während die Jüngeren in der Gokartschule erste Fahrversuche unternehmen oder auf der Eislaufbahn nebenan ihre Runden drehen.

Ganz in der Nähe, im Pinienwald von Marina di Campo, gibt es noch einen Spielpark für kleinere Kinder. Im *Parco Giochi Arcobaleno (Via Montecristo | Ostern–Sept. tgl. 16–24 Uhr | kein Eintritt – man zahlt, was man benutzt | www.isoladeipirati.it)* können die Kids sich auf Hüpfburgen und einer Minipiste für Elektroautos vergnügen. Außerdem steht eine Babyecke für frischgebackene Eltern bereit.

EVENTS, FESTE & MEHR

Wie in den meisten Gegenden Italiens bestimmt auf Elba der Kalender der katholischen Kirche die Feiertage. Besonders der Tag des Ortsheiligen wird meist mit einem Dorffest gefeiert, oft mit beleuchteten Bootsprozessionen und anschließendem Feuerwerk! Während der Sommermonate locken etliche künstlerische, folkloristische und sportliche Veranstaltungen.

GESETZLICHE FEIERTAGE

1. Jan. Neujahr; **6. Jan.** Fest der Drei hl. Könige; **Ostersonntag und Ostermontag; 25. April** Tag der Befreiung vom Faschismus 1945; **1. Mai** Tag der Arbeit; **2. Juni** Tag der Proklamation der Republik; **15. Aug.** Mariä Himmelfahrt *(Ferragosto)*; **1. Nov.** Allerheiligen; **8. Dez.** Mariä Empfängnis; **25. Dez.** Weihnachten; **26. Dez.** Fest des hl. Stephan

FESTE & VERANSTALTUNGEN

FEBRUAR–APRIL

Zwischen Rosenmontag und Gründonnerstag wird in mehreren Orten der Insel Carnevale gefeiert. Elbas Karnevalshauptstadt heißt Porto Azzurro, auf der Piazza Matteotti präsentieren sich an mehreren Februar-Wochenenden

▶ ⭐ *Faschingszüge*, mit geschmückten Pferdegespannen.

OSTERN

Auch auf Elba erinnern am Karfreitag (in Italien kein Feiertag!) Bußgänger an den Leidensweg Christi. Eindrucksvoll die ▶ *Prozession* der beiden Nachbardörfer Sant'Ilario und San Piero in Campo: Am Morgen des Karfreitag bringen singende Büßer die Jesus-Statue in die Kirche.
Am Ostersonntag ist in Marciana Alta die ▶ *Prozession zur Wallfahrtskirche Madonna del Monte* sehenswert.

MAI–JUNI

Vom 1.–3. Mai finden ▶ *Wallfahrten* zum Reliquienschrein der ▶ *Madonna del Monte* oberhalb von Marciana Alta statt. Mit einem pompösen ▶ ⭐ *Historienspektakel* erinnern die Insulaner am 4. Mai an den Tag, als Napoleon auf Elba landete. Kostümierte ziehen als Napoleon und seine Begleiter durch die Altstadt von Portoferraio. *www.petitearmee.it*
Jedes Jahr am 5. Mai wird in Portoferraios *Chiesa della Misericordia* eine ▶ *Seelenmesse* für Napoleon gelesen.
Am Wochenende vor Pfingsten widmet sich das Bergarbeiterstädtchen Capoliveri anlässlich der ▶ *Festa del Cavatore* sei-

Zahlreich sind die Prozessionen und Musikfestivals. Besonderer Besuchermagnet ist das Historienspektakel um Napoleon

nen Minenarbeitern. Auf dem Programm stehen Minenführungen, musikalische Darbietungen und ein Steinhauer-Zug. In Marciana Marina stellen Jazzmusiker beim ▶ *Mediterraneo Jazz Festival* zwei Wochen lang ihr Können unter Beweis.

JUNI–AUGUST

▶ *Open-Air-Kinos* in Capoliveri, Marciana Marina, Portoferraio und Rio Marina (Beginn meist um 21.30 Uhr)

JULI

Am 14. Juli stellen die Einwohner von Capoliveri in historischen Kostümen die ▶ *Leggenda dell'innamorata* nach: In der Innamorata-Bucht wird die traurige Liebesgeschichte der armen Maria und des wohlhabenden Lorenzo erzählt.

AUGUST

Am 7. August steigt in Marina di Campo und Campo nell'Elba ein Fest zu Ehren des Schutzheiligen ▶ *San Gaetano* – mit Prozession und Feuerwerk.

Giglio Porto: Jedes Jahr am 10. August, dem Tag des hl. Lorenzo, treten mehrere Inselgemeinden beim traditionellen ▶ *Ruderwettbewerb* gegeneinander an. 12. August: Prozession und Feuerwerk für ▶ *Santa Chiara* in Marciana Marina. Große ▶ **INSIDER TIPP** **Wallfahrt an Mariä Himmelfahrt** von Marciana Alta zur *Madonna del Monte* 15. August: ▶ *Geburtstagsfest zu Ehren Napoleons* in Portoferraios Altstadt Fest in Rio Marina für den Schutzpatron ▶ *San Rocco* am 16. August

SEPTEMBER–OKTOBER

Portoferraio: ▶ ⭐ *Elba – Isola Musicale d'Europa*, 10-tägiges Musikfestival Anfang September mit klassischen Konzerten internationaler Orchester und Solisten. *Auskünfte und Tickets unter Tel. 05 65 91 47 72 | www.elba-music.com* Ende September/Anfang Oktober steht in Capoliveri das alljährliche ▶ *Weinfest* mit Fassrennen und Kelterwettbewerb auf dem Programm.

ICH WAR SCHON DA!

Vier User aus der MARCO POLO Community verraten ihre Lieblingsplätze und ihre schönsten Erlebnisse

LA LAMPARA

Das kleine typische Restaurant liegt mitten im quirligen Örtchen Capoliveri. Wer hier durch die kleinen Gassen spaziert und über die Piazze flaniert, der kommt direkt auf die zentral gelegene *cantina* zu. Hier kann man essen wie bei mamma – die regionale und landestypische Hausmannskost schmeckt fantastisch. Besonders zu empfehlen ist der traditionelle *cacciucco,* ein wunderbarer Fischtopf mit unvergleichlichem Geschmack. Die Gerichte sind mit viel Liebe zubereitet und besonders günstig. Die Zutaten sind alle von örtlichen Bauern und der Fisch fangfrisch aus dem Hafen! **Reisetante1980 aus Mainz**

KLOSTER EREMO DI SANTA CATARINA

Ein Aufstieg zum Kloster lohnt sich! Die herrliche Landschaft und die traumhafte Naturkulisse sorgen für absolut mediterranes Feeling und Italienstimmung pur. Nahe des Klosters liegen Orangenplantagen. Hier kann man kostenlos übernachten, wenn man tagsüber bei der Ernte der Orangen mithilft. **Didl1002 aus Bad Godesberg**

HOTEL CERTOSA

Im *Hotel Certosa* in Portoferraio kann man die Seele baumeln lassen. Vom ehemaligen Mönchskloster sind urige Mauerwerke und die schönen Gärten erhalten geblieben und verleihen dem Anwesen einen herrlich mediterranen und ursprünglichen Charakter. In den rustikal eingerichteten Zimmern kann man fernab des touristischen Trubels übernachten. **DaDe aus Koblenz**

BERGDORF POGGIO

In den Eichenwäldern rund um das romantische und verschlafene kleine *Bergdorf Poggio* werden von lokalen Ornithologen Wanderungen entlang der Steilhänge zur Vogelbeobachtung angeboten. Von hier aus genießt man nicht nur einen herrlichen Blick auf das weite Meer, sondern lernt auch viel über Elba und seine Bewohner. Häufig kann man hier die einheimischen Falken beobachten und einzigartige Naturaufnahmen machen. **Dani79 aus Köln**

Haben auch Sie etwas Besonderes erlebt oder einen Lieblingsplatz gefunden, den nicht jeder kennt? Gehen Sie einfach auf www.marcopolo.de/mein-tipp

Für den Inhalt der Community-Seite übernimmt die MARCO POLO Redaktion keine Verantwortung.

LINKS, BLOGS, APPS & MORE

LINKS

▶ www.marcopolo.de/elba Alles auf einen Blick zu Ihrem Reiseziel: Interaktive Karten inklusive Planungsfunktion, Impressionen aus der Community, aktuelle News und Angebote …

▶ www.elbafreunde.de Mit praktischer Webcam-Übersicht, sechstägiger Wettervorhersage und News von der Insel werden Elbabesucher ins rechte Bild gesetzt. Sie können auf der Site auch gleich Fährüberfahrt und Unterkunft buchen

▶ short.travel/elb1 Geheimnisvoller als die öffentliche Vita des Staatsmanns Napoleon Bonaparte ist dessen Privatleben. Rosemarie Duephans erforscht die Familiengeschichte und das Verhältnis zu Frauen – auf ihrer Seite präsentiert sie des Kaisers Innenleben

▶ www.elbamania.com Wer alle Urlaubsmitbringsel aufgebraucht hat, kann sich auf dieser Seite mit Weinen, Nudelsaucen und Schmuck eindecken, um die Zeit bis zum nächsten Elbatrip zu überbrücken

▶ short.travel/elb2 Vor Giglios Küste schlug am 13. Januar 2012 das Kreuzfahrtschiff Costa Concordia leck. Eine Simulation zeigt den genauen Unglücksverlauf

BLOGS & FOREN

▶ blogelba.wordpress.com Über den italienischsprachigen Blog sind viele nützliche Links auf Elba-Seiten abrufbar – mit Infos zu Nachtclubs, Badeanstalten, Campingplätzen und Fähren

▶ www.toskanaitalien.de Die in der Toskana heimische Deutsche Daniela Braun bloggt regelmäßig über Events und Neuigkeiten aus der Region. Außerdem stellt sie Empfehlungen für selbst getestete Restaurants, leckere Rezepte zum Nachkochen und Fotos ihrer persönlichen Streifzüge online

▶ elbahome.de Hier tauschen sich Inselkenner und Neulinge über Camping und Bootsverleih aus. Im Elba-Talk

Egal, ob Sie sich auf Ihre Reise vorbereiten oder vor Ort sind: Mit diesen Adressen finden Sie noch mehr Informationen, Videos und Netzwerke, die Ihren Urlaub bereichern. Da manche Adressen extrem lang sind, führt Sie der kürzere short.travel-Code direkt auf die beschriebenen Websites

werden Hinweise zu aktuellen Events oder die Wetterlage gepostet

VIDEOS & PODCASTS

▶ www.elbavideo.com Bewegtbilder zu Restaurants, Hotels und Freizeit auf Elba. Außerdem: Filme wie die Strandung eines Delfins in Procchio

▶ short.travel/elb5 Der Toskanische Archipel aus der Vogelperspektive: Kurzfilm über einen wunderschönen Flug von Bayern bis nach Elba

▶ short.travel/elb3 Vor Elba liegen versunkene Schiffe und ein Flugzeugwrack auf Grund. Klicken Sie auf „Wracktauchen"; der Film zeigt Ihnen, was Sie unterhalb der Wasseroberfläche erwartet

▶ www.learnitalianpod.com Damit Sie sich auch abseits der Touristenzentren verständlich machen können: Der wohl bekannteste Podcast zum Erlernen der klangvollen italienischen Sprache

APPS

▶ Infoelba Kostenloser, knapper Reiseführer mit Veranstaltungstipps und bebilderten Beschreibungen von Stränden, Restaurants und Unterkünften

▶ Elba Ferries Timetable Die Fährzeiten aller Reedereien, die zwischen dem Festland und den Inseln des Toskanischen Archipels hin- und herpendeln.

NETWORK

▶ www.tripadvisor.de Unter dem Stichwort „Elba" sind zahlreiche Hotels und Restaurants zwischen Marciana Marina und Porto Azzurro mit Bewertungen aufgelistet, die die Wahl der richtigen Unterkunft und des richtigen Lokals erleichtern

▶ www.tripsbytips.de Das Spektrum der Bewertungen reicht von Plätzen in der Altstadt über Landstriche bis zu Urteilen über Strände. Einfach „Elba" in die Suchmaske eingeben und Sie erhalten eine praktische Orientierungshilfe

▶ www.taucher.net In dem Forum tauschen Unterwassersportler sich über sehenswerte Grotten und Wracks zwischen Elba und Giglio aus, vergeben bis zu sechs Flossen an die Tauchbasis ihres Vertrauens. Auffindbar sind die Erfahrungsberichte über die Suchmaske unter „Elba", „Giglio" oder „Capraia"

PRAKTISCHE HINWEISE

ANREISE

🚗 Von Deutschland aus können Sie Sie Elba, Giglio und die übrigen toskanischen Inseln über Österreich, den Brenner, Verona, La Spezia und Livorno erreichen, oder Sie fahren über die Schweiz durch den St.-Gotthard-Tunnel, über Bellinzona, Mailand, La Spezia, Genua und Livorno. Endpunkt ist in beiden Fällen der Fährhafen Piombino, von dem ganzjährig mehrmals täglich Fährschiffe nach Elba fahren. Auf der Landstraße in Richtung Rom liegt die Halbinsel Monte Argentario. Der auf der Halbinsel gelegene Hafen Porto Santo Stefano ist Endpunkt für die Weiterreise auf die Inseln Giglio und Giannutri. In Hafennähe gibt es bewachte Parkplätze (ab 10 Euro/Tag).

GRÜN & FAIR REISEN

Auf Reisen können auch Sie mit einfachen Mitteln viel bewirken. Behalten Sie nicht nur die CO_2-Bilanz für Hin- und Rückflug im Hinterkopf (www.atmosfair.de), sondern achten und schützen Sie auch nachhaltig Natur und Kultur im Reiseland (www.gate-tourismus.de; www.zukunft-reisen.de; www.ecotrans.de). Gerade als Tourist ist es wichtig, auf Aspekte zu achten wie Naturschutz (www.nabu.de; www.wwf.de), regionale Produkte, Fahrradfahren (statt Autofahren), Wassersparen und vieles mehr. Wenn Sie mehr über ökologischen Tourismus erfahren wollen: europaweit www.oete.de; weltweit www.germanwatch.org

🚆 Umsteigebahnhof zum Einschiffungshafen Piombino ist Campiglia Marittima an der Strecke von Livorno nach Rom. Die Fahrt von Campiglia Marittima nach Piombino Porto dauert etwa 20 Minuten. Von mehreren deutschen Städten aus fahren Autoreisezüge nach Livorno. Bahnreisende mit dem Ziel Giglio fahren bis nach Orbetello Scalo und dann weiter per Bus bis zum Fährhafen Porto Santo Stefano. Die Schifffahrtsgesellschaft Toremar ist der Bahn angegliedert. Sie können also eine Fahrkahrte bis zum Ankunftshafen Portoferraio auf Elba durchlösen.

🚢 Von Piombino aus steuern die Reedereien Toremar, Moby, Blu Navy und Corsica Ferries die Insel Elba an. Die Fährgesellschaft Maregiglio unterhält Personenfähren von Porto Santo Stefano nach Giglio Porto und Giannutri. Auf Elba werden außer dem Haupthafen Portoferraio auch Cavo und Rio Marina angelaufen (in der Hochsaison halbstündige Abfahrten | Hinfahrt ca. 5.30–23.30 Uhr; Rückfahrt ca. 5–22 Uhr). Besonders im Sommer ist eine Reservierung dringend erforderlich, da es sonst zu Wartezeiten von mehreren Stunden kommen kann. Wenn Sie eine Platzkarte für Ihr Auto haben (erhältlich auch über deutsche Reisebüros und über das Internet), sollten Sie mindestens eine Stunde vor Auslaufen der Fähre am Kai sein. Der Weg zum Hafen ist durch die Bezeichnung porto/imbarco ausgeschildert.
Die Fährgesellschaften bieten einen guten Online-Buchungsservice an (www.toremar.it, www.mobylines.de, www.blunavytraghetti.com, www.corsica-ferries.de und www.maregiglio.it). Sie können

natürlich auch am Hafen direkt Tickets kaufen. Der einfache Fahrpreis beträgt für einen Passagier ca. 10–20, für einen Mittelklassewagen ca. 30–50 Euro. Bei Buchung übers Internet kann man manchmal ein Schnäppchen machen: Hin und wieder gibt es Autotickets für nur 1 Euro! Mit dem Tragflächenboot *(aliscafo)* können Personen in 15–40 Minuten zur Insel befördert werden; Fahrpreis während des ganzen Jahres rund 10–15 Euro

Von Berlin, Bern, Düsseldorf, Friedrichshafen, Genf, Hamburg, München und Zürich gibt es während der Saison mehrmals wöchentlich Direktverbindungen auf den Inselflughafen von Elba, La Pila in Marina di Campo. Vom Festland aus wird die Insel außerdem tgl. von Mailand angeflogen (Infos über *www.intersky.biz, www.flyskywork. com* und *www.elbafly.com*). Größere Linienmaschinen fliegen Florenz und Pisa weiterhin regelmäßig von mehreren deutschen Städten aus an. Von dort geht es weiter mit Intersky oder mit dem Zug nach Elba.

AUSKUNFT VOR DER REISE

STAATLICHES ITALIENISCHES FREMDENVERKEHRSAMT ENIT
– *Barckhausstrasse 10 | 60325 Frankfurt/ Main | Tel. 069 23 74 34 | frankfurt@enit. it*
– *Mariahilfer Straße 1b | 1060 Wien | Tel. 01 5 05 16 39 | vienna@enit.it*
– *Uraniastr. 32 | 8001 Zürich | Tel. 043 4 66 40 40 | zurich@enit.it*
– *Schriftliche Infos können Sie in Italien gratis anfordern unter Tel. 8 00 86 32 35*

– Unter *www.italia.it,* Italiens offizieller Tourismus-Website, sind zahlreiche deutschsprachige Informationen abrufbar. Auf Anfrage verschickt das Fremdenverkehrsamt Enit kostenlose Broschüren über die Inseln der Toskana.

AUSKUNFT AUF ELBA

AZIENDA PER IL TURISMO DELL' ARCIPELAGO TOSCANO (APT)
Viale Elba 4 | 57037 Portoferraio | Tel. 05 65 91 46 71 | www.aptelba.it

SERVIZIO ASSISTENZA TURISTA
Telefonischer Infodienst von Mitte Juni– Mitte Sept – auch auf Deutsch *(tgl. 9–13 und 16–19 Uhr | Tel. 05 65 92 66 18)*. Deutschsprachige Touristen bilden eine große Gruppe unter den Urlaubern auf der Insel. Führungen in deutscher Sprache organisieren daher der *Gruppo Guide Turistiche Isola d'Elba (Tel. 05 65 91 49 01 oder 05 65 91 65 21 | www.elbaguide turistiche.it)* sowie das *Centro Guide Isola d'Elba (Tel. 05 65 93 30 17 oder 05 65 94 02 65 | www.centroguideelba.it)*. In den Sommermonaten erscheint außerdem das kostenlose *Elba Magazine* mit deutschsprachigen Informationen über Kultur, Urlaub und Freizeit.

AUTO

Die Verkehrsregeln entsprechen weitgehend denen in Deutschland, Österreich und der Schweiz. Wie bei uns liegt die Alkoholgrenze bei 0,5-Promille, und Sie müssen sich anschnallen. Kleinkinder bis vier Jahre dürfen nur in Kindersitzen befördert werden, für Motorradfahrer besteht Helmpflicht. Das Telefonieren ist nur mit einer Freisprecheinrichtung gestattet. Innerhalb geschlossener Ortschaften gilt ein Tempolimit von 50 km/h, außerhalb von 90 km/h. Außerhalb geschlossener Ortschaften müssen Sie immer mit Abblendlicht fahren, und an schwarzgelb markierten Kantsteinen ist das Parken verboten.

Da viele Straßen auf der bergigen Insel Elba eng sind, sollten Autofahrer sich vor unübersichtlichen Kurven durch ein kurzes Hupen ankündigen. Für den Fall einer Panne ist stets eine Warnweste mitzuführen. Auf Elba gibt es einen staatlichen Abschleppdienst *(servizio di rimorchio)*: *Soccorso Stradale (Tel. 80 31 16)* und einen privaten: *Romano Brandi (Tel. 05 65 91 43 48)*. Selbständiges Abschleppen ist verboten.

Tankwarte bedienen in allen größeren Orten und an den Ausfallstraßen Mo–Sa 8–12.30 und 15.30–19.30 Uhr. Meist ist eine Tankstelle zum Sonntagsdienst eingeteilt und an den geschlossenen angezeigt. Verbreitet sind Tankautomaten.

BANKEN

Die Banken auf Elba sind im Allgemeinen Mo–Fr 8.20–13.20 Uhr geöffnet, in größeren Orten teilweise auch nachmittags ab 14.45 Uhr für eine Stunde. Fast alle Bankfilialen haben rund um die Uhr zugängliche Bankomaten für EC- und Kreditkarten.

BUS

Elba ist von einem dichten Busnetz überzogen. Die Fahrkarten gibt es an Automaten oder in Zeitschriftenkiosken und Tabakläden. Außerdem kann man neuerdings Fahrkarten direkt im Bus lösen. Bei der Elbabuslinie *ATL (Portoferraio | Viale Elba 20 | Tel. 05 65 91 43 92)* können Sie mit einer für die ganze Insel gültigen *Elba-Card* zu 7 Euro fahren (6-Tageskarte 19 Euro). Außerdem gibt es im Sommer von fast allen Orten einen stündlichen *Bus-Shuttle-Service* zu den Stränden (Einfachfahrt ab 1 Euro).

CAMPING

Camping auf Elba ist teuer und wildes Zelten verboten. Einmaliges Übernachten im Camper auf Park- und Rastplätzen entlang des Reisewegs wird geduldet. Für Wohnmobile ausgestattete Parkplätze finden Sie in Campo nell'Elba, Capoliveri, Cavo, Porto Azzurro, Procchio und Rio Marina. Alle Plätze haben Strom- und Wasseranschluss. Toiletten und Duschen sind kostenpflichtig.

Weitere Infos bekommen Sie bei *Campeggi Isola d'Elba (Viale Elba 3 | Portoferraio | Tel. 05 65 91 88 82 | www. campingelba.net)*.

DIPLOMATISCHE VERTRETUNGEN

DEUTSCHES HONORARKONSULAT
Corso dei Tintori 3 | 50122 Florenz | Tel. 05 52 34 35 43 (Mo–Fr 9–12 Uhr)

ÖSTERREICHISCHES KONSULAT
Lungarno Vespucci 58 | 50123 Florenz | Tel. 05 52 65 42 22 (Mo–Fr 10–12 Uhr)

SCHWEIZER HONORARKONSULAT
Hotel Park Palace | Piazzale Galileo 5 | 50125 Florenz | Tel. 0 55 22 24 34 (Di–Fr 16–17 Uhr)

EINREISE

Die Vorlage von Pass oder Personalausweis an der Grenze zu Italien ist für Deutsche und Österreicher nicht mehr nötig. Trotzdem müssen Sie ein Personalpapier dabeihaben. Alleinreisende Jugendliche unter 15 Jahren brauchen eine beglaubigte Einverständniserklärung der Eltern. Für jedes Kind ist ein eigenes Ausweisdokument Pflicht – ein Eintrag im Pass der Eltern reicht nicht mehr aus.

GESUNDHEIT

Wer einer gesetzlichen Krankenversicherung angehört, sollte sich vor Reiseantritt einen Anspruchsausweis oder einen Auslandskrankenschein ausstellen lassen. Das Formular E111 berechtigt zur kostenlosen medizinischen Behandlung. Während der Hochsaison stellt die *Guardia Medica Turistica* die medizinische Betreuung der Feriengäste rund um die Uhr sicher (Tel. 8 00 06 44 22). Das Krankenhaus *(ospedale)* der Insel liegt im Ortsteil San Rocco in Portoferraio.

Die Öffnungszeiten der Apotheken *(farmacia)* sind normalerweise Mo–Fr 9–13 und 16–20, teilweise auch 17–20.30 Uhr, samstags oft nur vormittags. Bereitschaftsdienste für Nächte sowie Sonn- und Feiertage hängen wie hierzulande an den Türen aller Apotheken aus *(farmacie di turno)*.

INTERNETCAFÉS & WLAN

In fast allen Hotels hat man mittlerweile Internetanschluss, auch im Zimmer. WLAN heißt in Italien WIFI; im Zentrum von Portoferraio gibt es mehrere kostenlose Hotspots (Villa Mulini, Piazzale de Laugier, Piazza Cavour, Piazza della Repubblica) und auch der Strand von Cavoli zählt zu den WLAN-Zonen. Außerdem bieten immer mehr Hotels kabellose Internetverbindungen mit WIFI-Service an. Wer auf konventionelle Weise im Internet surfen will, kann dies in einem der Internetcafés oder Internet Points tun, von denen es an die 20 überall auf der Insel gibt.

MIETFAHRZEUGE

Wer mit Bahn oder Flugzeug anreist, sollte am besten schon vor der Reise ein Mietfahrzeug buchen. Wenn Sie ein Auto mieten wollen, müssen Sie mindestens 21 Jahre alt sein und den Führerschein seit einem Jahr haben.

WAS KOSTET WIE VIEL?

Kaffee	1 Euro *in der Stehbar für eine Tasse Espresso*
Eis	1,80 Euro *für ein mittelgroßes Eis*
Wein	ab 8 Euro *für eine Literkaraffe*
Strand	ca. 15 Euro *für zwei Liegen mit Schirm*
Benzin	ca. 1,90 Euro *für einen Liter Super*
Busticket	1 Euro *für eine einfache Fahrt, Shuttleservice zu den Stränden*

TWN AUTONOLEGGIO

Es gibt drei verschiedene Servicecenter, an denen PKW verschiedener Größen und Fabrikate, Motorräder, Vespas, Fahrräder, Mountainbikes und Kanus abgeholt und abgegeben werden können. Und zwar außer in Portoferraio in Lacona und in Marina di Campo. Frühbucher erhalten attraktive Rabatte und Spätentschlossene können auf Last-Minute-Angebote hoffen. Einen garantierten Preisnachlass von 10 Prozent bekommen Leser des Marco-Polo-Bands. *Nov.–Ostern geschl. | Hauptbüro in Portoferraio | Viale Elba 32, 50 m vom Fähranleger | Tel. 05 65 91 46 66, Mobiltel. 32 92 73 64 12 | www.twn-rent.it*

- Allgemeiner Notruf 113
- Polizei 113
- Carabinieri (bei Verbrechen) 112
- Feuerwehr (vigili del fuoco) 115
- Pannenhilfe (soccorso stradale) 80 31 16
- Seenotruf (emergenza in mare) 15 30
- Medizinischer Notdienst (pronto soccorso) 118 (Rettungwagen) und 8 00 06 44 22

POST

Postämter haben Mo–Fr 8.15–13.30, Sa bis 12 Uhr geöffnet (in Portoferraio Mo–Fr bis 19 Uhr). Briefmarken gibt es auch in den Tabakläden (tabacchi), gekennzeichnet durch ein weißes T auf schwarzem Grund. Postkarten und Briefe bis 20 g innerhalb der EU kosten 75 Cent und innerhalb Italiens 60 Cent.

STRÄNDE

Mit seinen einsamen Buchten und den gut ausgestatteten Strandbädern, alles in allem etwa 70 an der Zahl, ist Elba ein Badeparadies für unterschiedliche Geschmäcker. An den meisten Stränden steigt die Wassertiefe recht schnell an – wer mit kleineren Kindern unterwegs ist, sollte also Vorsicht walten lassen. Obwohl Elba keine Hochburg der Freikör-

WETTER IN PORTOFERRAIO

	Jan.	Feb.	März	April	Mai	Juni	Juli	Aug.	Sept.	Okt.	Nov.	Dez.
Tagestemperaturen in °C	12	13	15	20	23	26	28	29	26	23	17	14
Nachttemperaturen in °C	6	7	8	11	14	18	21	20	18	14	11	8
Sonnenschein Stunden/Tag	3	4	5	7	9	10	10	10	8	6	4	3
Niederschlag Tage/Monat	7	7	6	6	5	2	1	2	5	6	8	9
Wassertemperaturen in °C	14	13	13	19	20	24	26	27	24	20	17	15

perkultur ist, gibt es einige Strände und Buchten mit FKK-Abschnitten (Penisola della Procchiodola, zwischen Seccheto und Fetovaia, Colle d'Orano, Costa della Laconella und Costa di Capo Poro).

STROM

Die Spannung beträgt 220 Volt. Oft passen nur flache Stecker, deshalb lieber einen Adapter mitnehmen.

TAXI

Der Haupttaxistand von Portoferraio ist an der Mole, wo die Fährschiffe anlegen *(Tel. 05 65 91 51 12)*. Ein Taxi kostet ab 50 Euro/Stunde. Für alle, die schneller als mit dem Bus zu ihrem Ferienort wollen, hier ein paar Durchschnittspreise für Fahrtrouten: Biodola 14 Euro, Capoliveri 32 Euro, Marciana Marina 40 Euro, Marina di Campo 30 Euro, Porto Azzurro 28 Euro, Procchio 20 Euro, Rio Marina 36 und Lacona 18 Euro.

Eine Fahrt um die schöne Westseite der Insel kostet für vier Personen etwa 150 Euro. Günstiger sind Sammeltaxis, die während der Sommermonate zwischen Portoferraio und den beliebtesten Stränden eingesetzt werden (Einzelfahrt pro Person ab 3 Euro).

TELEFON & HANDY

Vom Hotel aus sind Telefongespräche sehr teuer. Für Auslandsgespräche vom Festnetz benutzen Sie am besten eine *scheda telefonica internazionale* (zu 5, 10 und 20 Euro). Herkömmliche Telefonkarten (*scheda telefonica* zu 1–10 Euro) werden nur noch wenig benutzt; sie erhalten beide in Bars, Tabakgeschäften oder Zeitungskiosken (vor Benutzung perforierte Ecke abreißen!). Unter Tel. 8 00 17 24 90 können Sie ein R-Gespräch herstellen lassen oder mit Kreditkarte bezahlen (Anweisungen in Deutsch). Vorwahlen von Italien nach Deutschland: 0049, nach Österreich: 0043, In die Schweiz: 0041, dann die Ortskennzahl ohne Null und anschließend die Rufnummer. Vorwahl nach Italien: 0039, dann die Festnetzrufnummer mit Null!

Die öffentlichen Fernsprecher mit dem orangeroten Symbol verschwinden zunehmend und werden durch Mobiltelefone ersetzt. Auf Elba gibt es zwar immer mal wieder Funklöcher, in aller Regel findet sich aber schnell wieder der Anschluss an ein Netz. Aufgrund einer EU-Regelung sind die Preise für Handytelefonate im EU-Ausland nach oben begrenzt – für abgehende Anrufe liegt das Limit in Italien bei 35 Cent pro Minute, für eingehende Anrufe bei 10 Cent. Handy-Vieltelefonierer sparen Geld, wenn sie sich eine italienische Prepaid-Karte mit neuer Telefonnummer zulegen.

TRINKGELD

In Italien ist es in Restaurants generell üblich, eine Rechnung für den ganzen Tisch auszustellen – aufteilen müssen Sie dann, wenn nötig, unter sich. Beim Gehen sollten Sie ca. 10 Prozent als Trinkgeld auf dem Tisch liegen lassen. In Kaffeebars können Gäste einige Cents auf den Quittungsbeleg legen. Kofferträger freuen sich über einen oder zwei Euro *Mancia*.

ZOLL

Für Reisende aus EU-Staaten sind sämtliche Waren für den persönlichen Bedarf zollfrei. Für Schweizer und bei Durchfahrt durch die Schweiz sind 200 Zigaretten oder 50 Zigarren oder 250 g Tabak, 1 l Spirituosen über 15 Prozent und 2 l unter 15 Prozent zollfrei. *www.zoll.de*

SPRACHFÜHRER ITALIENISCH

AUSSPRACHE

c, cc	vor e oder i wie tsch in „deutsch", Bsp.: dieci, sonst wie k
ch, cch	wie k, Bsp.: pacchi, che
g, gg	vor e oder i wie dsch in „Dschungel", Bsp.: gente, sonst wie g
gl	ungefähr wie in „Familie", Bsp.: figlio
gn	wie in „Cognac", Bsp.: bagno
sc	vor e oder i wie deutsches sch, Bsp.: uscita
sch	wie sk in „Skala", Bsp.: Ischia
z	immer stimmhaft wie ds

Ein Akzent steht im Italienischen nur, wenn die letzte Silbe betont wird. In den übrigen Fällen haben wir die Betonung durch einen Punkt unter dem betonten Vokal angegeben.

AUF EINEN BLICK

ja/nein/vielleicht	sì/no/forse
bitte/danke	per favore/grazie
Entschuldige!/Entschuldigen Sie!	Scusa!/Scusi!
Wie bitte?	Come dice?/Prego?
Gute(n) Morgen!/Tag!/Abend!/Nacht!	Buon giorno!/Buon giorno!/ Buona sera!/Buona notte!
Hallo!/Tschüss!/Auf Wiedersehen!	Ciao!/Ciao!/Arrivederci!
Ich heiße ...	Mi chiamo ...
Wie heißen Sie?/Wie heißt Du?	Come si chiama?/Come ti chiami?
Ich möchte .../Haben Sie ...?	Vorrei .../Avete ...?
Wie viel kostet ...?	Quanto costa ...?
Das gefällt mir (nicht).	(Non) mi piace.
gut/schlecht	buono/cattivo
kaputt/funktioniert nicht	guasto/non funziona
zu viel/viel/wenig/alles/nichts	troppo/molto/poco/tutto/niente
Hilfe!/Achtung!/Vorsicht!	aiuto!/attenzione!/prudenza!
Krankenwagen/Polizei/Feuerwehr	ambulanza/polizia/vigili del fuoco
Verbot/verboten/Gefahr/gefährlich	divieto/vietato/pericolo/pericoloso

DATUMS- & ZEITANGABEN

Montag/Dienstag	lunedì/martedì
Mittwoch/Donnerstag	mercoledì/giovedì
Freitag/Samstag	venerdì/sabato

Parli italiano?

„Sprichst du Italienisch?" Dieser Sprachführer hilft Ihnen,
die wichtigsten Wörter und Sätze auf Italienisch zu sagen

Sonntag/Werktag/Feiertag	domenica/(giorno) feriale/festivo
heute/morgen/gestern	oggi/domani/ieri
Stunde/Minute/Tag/Nacht	ora/minuto/giorno/notte
Woche/Monat/Jahr	settimana/mese/anno
Wie viel Uhr ist es?	Che ora è? Che ore sono?
Es ist drei Uhr./Es ist halb vier.	Sono le tre./Sono le tre e mezza.
Viertel vor vier/Viertel nach vier	le quattro meno un quarto/le quattro e un quarto

UNTERWEGS

offen/geschlossen	aperto/chiuso
Eingang/Einfahrt/Ausgang/Ausfahrt	entrata/entrata/uscita/uscita
Abfahrt/Abflug/Ankunft	partenza/partenza/arrivo
Toiletten/Damen/Herren	bagno/signore/signori
(kein) Trinkwasser	acqua (non) potabile
Wo ist ...?/Wo sind ...?	Dov'è ...?/Dove sono ...?
links/rechts/geradeaus/zurück	sinistra/destra/dritto/indietro
nah/weit	vicino/lontano
Bus/Straßenbahn/U-Bahn/Taxi	bus/tram/metropolitana/taxi
Haltestelle/Taxistand	fermata/posteggio taxi
Parkplatz/Parkhaus	parcheggio/parcheggio coperto
Stadtplan/(Land-)Karte	pianta/mappa
Bahnhof/Hafen/Flughafen	stazione/porto/aeroporto
Fahrplan/Fahrschein/Zuschlag	orario/biglietto/supplemento
einfach/hin und zurück	solo andata/andata e ritorno
Zug/Gleis/Bahnsteig	treno/binario/banchina
Ich möchte ... mieten.	Vorrei noleggiare ...
ein Auto/ein Fahrrad/ein Boot	una macchina/una bicicletta/una barca
Tankstelle/Benzin/Diesel	distributore/benzina/gasolio
Panne/Werkstatt	guasto/officina

ESSEN & TRINKEN

Reservieren Sie uns bitte für heute Abend einen Tisch für vier Personen.	Vorrei prenotare per stasera un tavolo per quattro persone.
auf der Terrasse/am Fenster	sulla terrazza/vicino alla finestra
Die Speisekarte, bitte.	Il menù, per favore.
Flasche/Karaffe/Glas	bottiglia/caraffa/bicchiere
Messer/Gabel/Löffel	coltello/forchetta/cucchiaio
Salz/Pfeffer/Zucker	sale/pepe/zucchero
Essig/Öl/Milch/Sahne/Zitrone	aceto/olio/latte/panna/limone

kalt/versalzen/nicht gar	freddo/troppo salato/non cotto
mit/ohne Eis/Kohlensäure	con/senza ghiaccio/gas
Vegetarier(in)/Allergie	vegetariano/vegetariana/allergia
Ich möchte zahlen, bitte.	Vorrei pagare, per favore
Rechnung/Quittung/Trinkgeld	conto/ricevuta/ mancia

EINKAUFEN

Wo finde ich ...?	Dove posso trovare ...?
Ich möchte .../Ich suche ...	Vorrei .../Cerco ...
Brennen Sie Fotos auf CD?	Vorrei masterizzare delle foto su CD?
Apotheke	farmacia
Bäckerei/Markt	forno/mercato
Einkaufszentrum/Kaufhaus	centro commerciale/grande magazzino
Lebensmittelgeschäft	negozio alimentare
Supermarkt	supermercato
Fotoartikel/Zeitungsladen	articoli per foto/giornalaio
Kiosk	edicola
100 Gramm/1 Kilo	un etto/un chilo
teuer/billig/Preis	caro/economico/prezzo
mehr/weniger	di più/di meno
aus biologischem Anbau	di agricoltura biologica

ÜBERNACHTEN

Haben Sie noch ...?	Avete ancora ...?
Einzelzimmer/Doppelzimmer	una (camera) singola/una doppia
Frühstück/Halbpension/Vollpension	colazione/mezza pensione/ pensione completa
Dusche/Bad/Balkon/Terrasse	doccia/bagno/balcone/terrazza
Schlüssel/Zimmerkarte	chiave/scheda magnetica
Gepäck/Koffer/Tasche	bagaglio/valigia/borsa

BANKEN & GELD

Bank/Geldautomat/Geheimzahl	banca/bancomat/codice segreto
bar/Kreditkarte	in contanti/carta di credito
Banknote/Münze/Wechselgeld	banconota/moneta/il resto

GESUNDHEIT

Arzt/Zahnarzt/Kinderarzt	medico/dentista/pediatra
Krankenhaus/Notfallpraxis	ospedale/pronto soccorso
Fieber/Schmerzen	febbre/dolori
Durchfall/Übelkeit/Sonnenbrand	diarrea/nausea/scottatura solare
entzündet/verletzt	infiammato/ferito

Pflaster/Verband/Salbe/Creme	cerotto/fasciatura/pomata/crema
Schmerzmittel/Tablette/Zäpfchen	antidolorifico/compressa/supposta

TELEKOMMUNIKATION & MEDIEN

Briefmarke/Brief/Postkarte	francobollo/lettera/cartolina
Ich brauche eine Telefonkarte fürs Festnetz.	Mi serve una scheda telefonica per la rete fissa.
Ich suche eine Prepaidkarte für mein Handy.	Cerco una scheda prepagata per il mio cellulare.
Wo finde ich einen Internetzugang?	Dove trovo un accesso internet?
Brauche ich eine spezielle Vorwahl?	Ci vuole un prefisso particolare?
wählen/Verbindung/besetzt	comporre/linea/occupato
Steckdose/Adapter/Ladegerät	presa/riduttore/caricabatterie
Computer/Batterie/Akku	computer/batteria/accumulatore
At-Zeichen („Klammeraffe")	chiocciola
Internetadresse/E-Mail-Adresse	indirizzo internet/indirizzo email
Internetanschluss/WLAN	collegamento internet/wi-fi
E-Mail/Datei/ausdrucken	email/file/stampare

FREIZEIT, SPORT & STRAND

Strand/Strandbad	spiaggia/stabilimento balneare
Sonnenschirm/Liegestuhl	ombrellone/sdraio
Seilbahn/Sessellift	funivia/seggiovia
(Schutz-)Hütte/Lawine	rifugio/valanga

ZAHLEN

0	zero	17	diciassette
1	uno	18	diciotto
2	due	19	diciannove
3	tre	20	venti
4	quattro	21	ventuno
5	cinque	30	trenta
6	sei	40	quaranta
7	sette	50	cinquanta
8	otto	60	sessanta
9	nove	70	settanta
10	dieci	80	ottanta
11	undici	90	novanta
12	dodici	100	cento
13	tredici	1000	mille
14	quattordici	2000	duemila
15	quindici	½	un mezzo
16	sedici	¼	un quarto

REISEATLAS

Die grüne Linie ▬▬ zeichnet den Verlauf der Ausflüge & Touren nach
Die blaue Linie ▬▬ zeichnet den Verlauf der Perfekten Route nach

Der Gesamtverlauf aller Touren ist auch in
der herausnehmbaren Faltkarte eingetragen

Bild: Strand Le Ghiaie

Mare Ligure

A B C

1
2
3
4
5
6

Capo S. Andrea
Spiaggia di S. Andrea
Punta del Cotoncello
Sant' Andrea
Cotoncello
C. Paolini
Maciarello
Serrone
l'Aia
S. Mauro
116 m
207 m
C. Piacentini
Punta della Zanca
Sambucaia
Randoccio
Zanca
181 m
165 m
Campo al Castagno
Cala della Cotaccia
Fosso dei Canali
C a n a l i
Uomo Masso
533 m
Punta Polveraia
la Guardia
B a r o n i
l'Aquila
634 m
Punta della Fornace
S. Lucia
113 m
Patresi
P a t r e s i
Serraventosa
Madonna del Monte
la Coscia
Uviale dei Patresi
Monte Giove
855 m
438
C. Peria
Colle d'Orano
150 m
G a b b i o l a
Bollero
Mortigliano
Fosso della Gabbiola
M e z z a l u n a
la Stretta
806 m
Beccata
Fosso del Castagnola
C. Peria
il Troppolo
750 m
Monte di Cote
950 m
la Tavola
936 m
la
969
Campo alle Serre
S. Frediano
la Tabella
882 m
C. Campo lo Feno
Semaforo
599 m
105 m
Fosso dell'Inferno
V i g n a l e
Fosso Guazzoculo
Colle di
649 m
Punta Nera
il Capo
300 m
Fosso della Gneccarina
l a T e r r a
436 m
Punta del Timone
Chiessi
Colle di S. Bartolommeo
512 m
V a l l e d i P o m o n t e
Poio
Colle della Grottacc
647 m
Monte S. Bartolommeo
437 m
Valle dei Mori
le Mure
631 m
358 m
192 m
C. Testa
Fosso Barione
Punta della Testa
Pomonte
21 m
Monte Cenno
592 m
Fosso del Pra
Punta Masselone
Spiaggia di Pomonte
Monte Schiappone
293 m
Monte Orlano
540 m
S u g h e r a
Scoglio Ogliera
C o l l i c i a
83 m
Fosso dell'Ogliera
235 m
l e T o m b e
Fosso del Forno
101 m
il Giardino le Rose
Fetovaia
84 m
Spiaggia di Fetova
Punta le Tombe
Spiaggia delle Tombe
37 m
Punta di Fetovaia

1 km

118

Mare

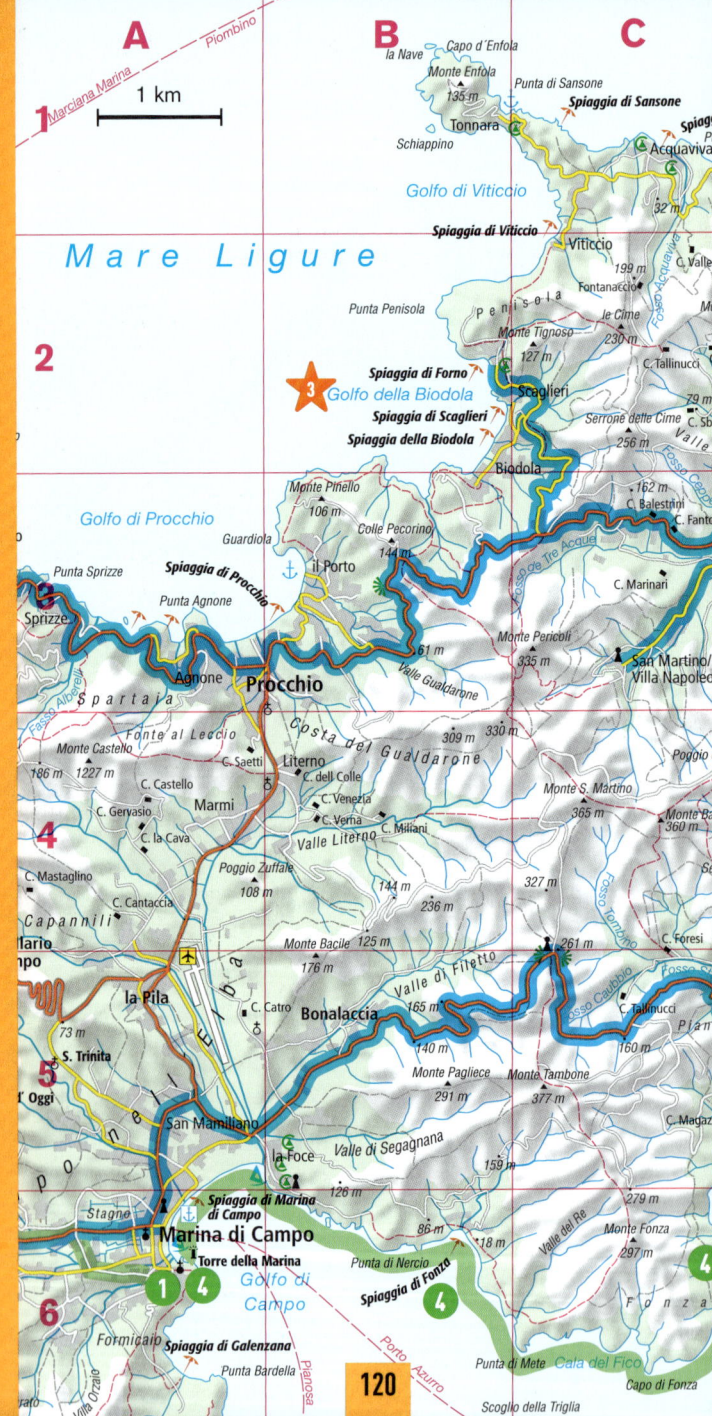

Marciana Marina

Piombino

A **B** **C**

1 1 km

la Nave Capo d'Enfola
Monte Enfola
135 m Punta di Sansone
Spiaggia di Sansone

Tonnara **Spiagg**
Pur
Schiappino Acquaviva

Golfo di Viticcio 32 m

M a r e   L i g u r e *Spiaggia di Viticcio* Viticcio

C. Vallee

199 m
Punta Penisola Fontanaccio le Cime
2 Monte Tignoso 230 m Mor
127 m
★ 3 *Spiaggia di Forno* Scaglieri C. Tallinucci
Golfo della Biodola 79 m
Spiaggia di Scaglieri Serrone delle Cime C. Sba
Spiaggia della Biodola 256 m Valle L

Biodola
Golfo di Procchio 162 m
Monte Pinello C. Balestrini
106 m Colle Pecorino C. Fantoz
Guardiola 144 m
Spiaggia di Procchio il Porto
3 Punta Sprizze C. Marinari
Sprizze Punta Agnone
61 m San Martino /
Monte Pericoli Villa Napoleor
Agnone 335 m
Valle Gualdarone
Procchio
S p a r t a i a C o s t a   d e l   G u a l d a r o n e
Fonte al Leccio 309 m 330 m Poggio de
Monte Castello C. Saetti Literno
186 m 1227 m C. dell Colle
4 Marmi C. Venezia Monte S. Martino
C. Gervasio C. Verna 365 m Monte Bai
C. la Cava C. Miliani 360 m
C. Mastaglino Valle Literno Ser
Poggio Zuffale 327 m
C a p a n n i l i C. Cantaccia 108 m 144 m 236 m
lario Monte Bacile 125 m Valle di Fileto C. Foresi
mpo 176 m 261 m Plan
la Pila 165 m C. Tallinucci
C. Catro **Bonalaccia** 160 m
5 73 m 140 m C. Magazzi
S. Trinita Monte Pagliece Monte Tambone
' Oggi 291 m 377 m
San Mamiliano la Foce Valle di Segagnana
Stagno 126 m 159 m 279 m
86 m Monte Fonza
Spiaggia di Marina 297 m
di Campo
Marina di Campo Punta di Nercio
Torre della Marina 18 m Valle del Re
① ④ **Spiaggia di Fonza** ④ F o n z a ④
Formicaio *Golfo di*
Spiaggia di Galenzana *Campo*
6 Punta Bardella Pianosa Punta di Mete *Cala del Fico*
Porto Capo di Fonza
rato Villa Orzano Azurro Scoglio della Triglia

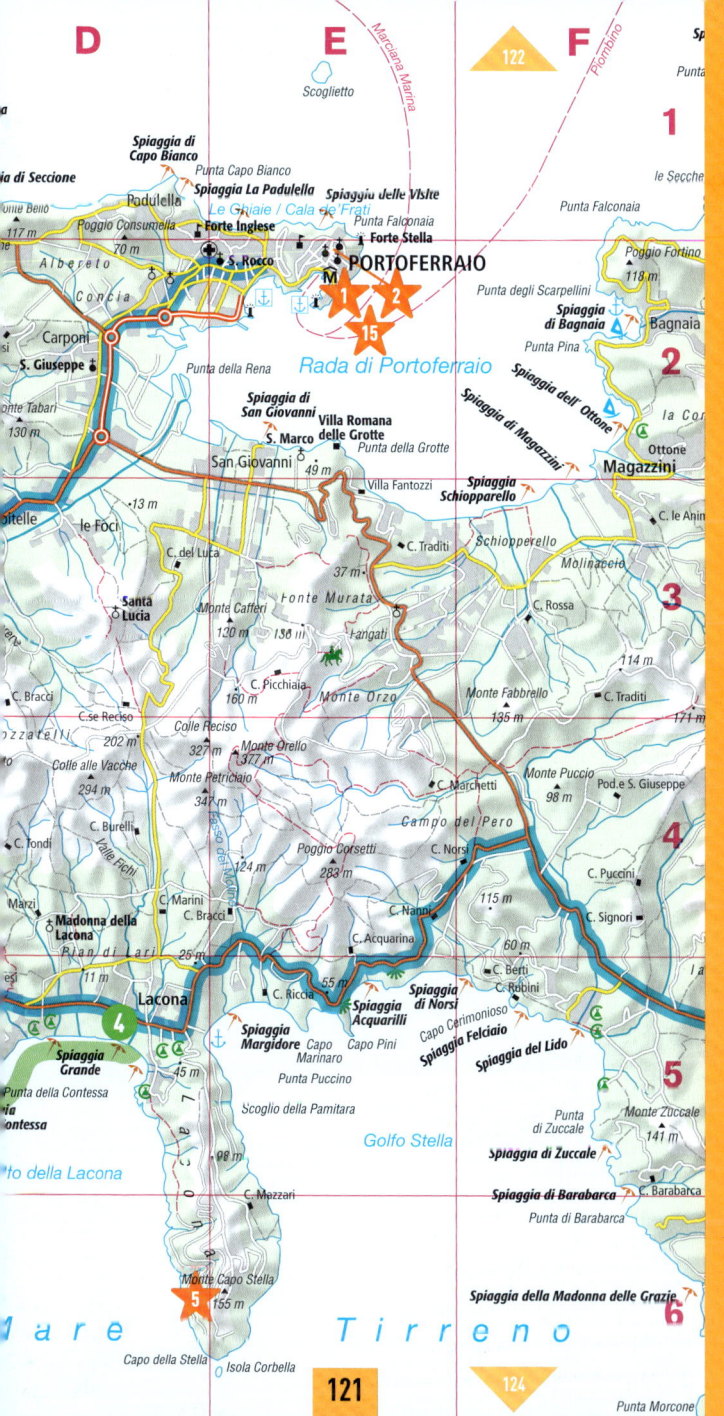

A B C

1 1 km

2 *Mare Ligure*

Marciana Marina

3 Punta dell
Cala del Nis

Spiaggia di Nisporto
Punta di Nisporto

Scoglietto

Spiaggia di
Capo Bianco
Punta Capo Bianco
Spiaggia La Padulella
Spiaggia delle Visite
Padulella
Le Ghiaie / Cala de'Frati
C. Binelli
le Secche
Punta Falconaia
ggio Consumella
Forte Inglese
Punta Falconaia
C. Danesi
70 m
S. Rocco
Punta Falconaia
Forte Stella
Poggio Fortino
PORTOFERRAIO
118 m
73 m
to
ncia
Punta degli Scarpellini
Spiaggia
di Bagnaia
Bagnaia
Punta della Rena
Punta Pina
50 m
Spiaggia dell' Ottone
Rada di Portoferraio
Spiaggia di
San Giovanni
Spiaggia di Magazzini
la Concia
S. Marco
Villa Romana
delle Grotte
Ottone
5
San Giovanni
Punta della Grotte
Magazzini
Acqua Riese
49 m
Villa Fantozzi
Spiaggia
Schiopparello
119
-13 m
Foci
C. le Anime
i Molini
C. del Luca
C. Traditi
Schiopperello
Molinaccio
37 m
Fonte Murata
C. Rossa
Santa
Lucia
Monte Cafferi
Fangati
114 m
C. Traditi
la Crocetta
129 m
136 m
6
C. Picchiaia
Monte Fabbrello
171 m
214 m
se Reciso
160 m
135 m
Monte Orzo
202 m
82 m
C.
Colle Reciso
Pod.e S. Giuseppe
Vacche
327 m
Monte Petriciaio
124
122
Monte Puccio
98 m
25

M **1** **2** **15**

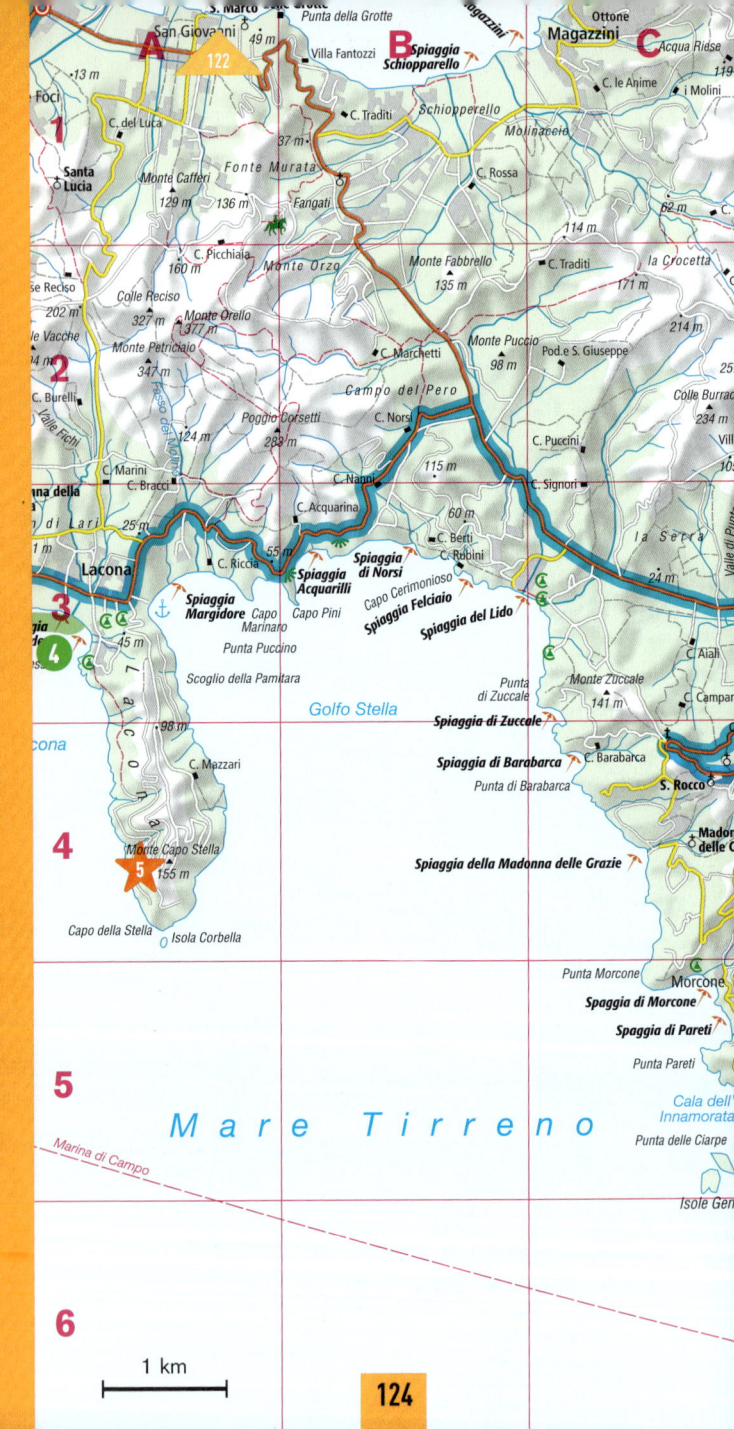

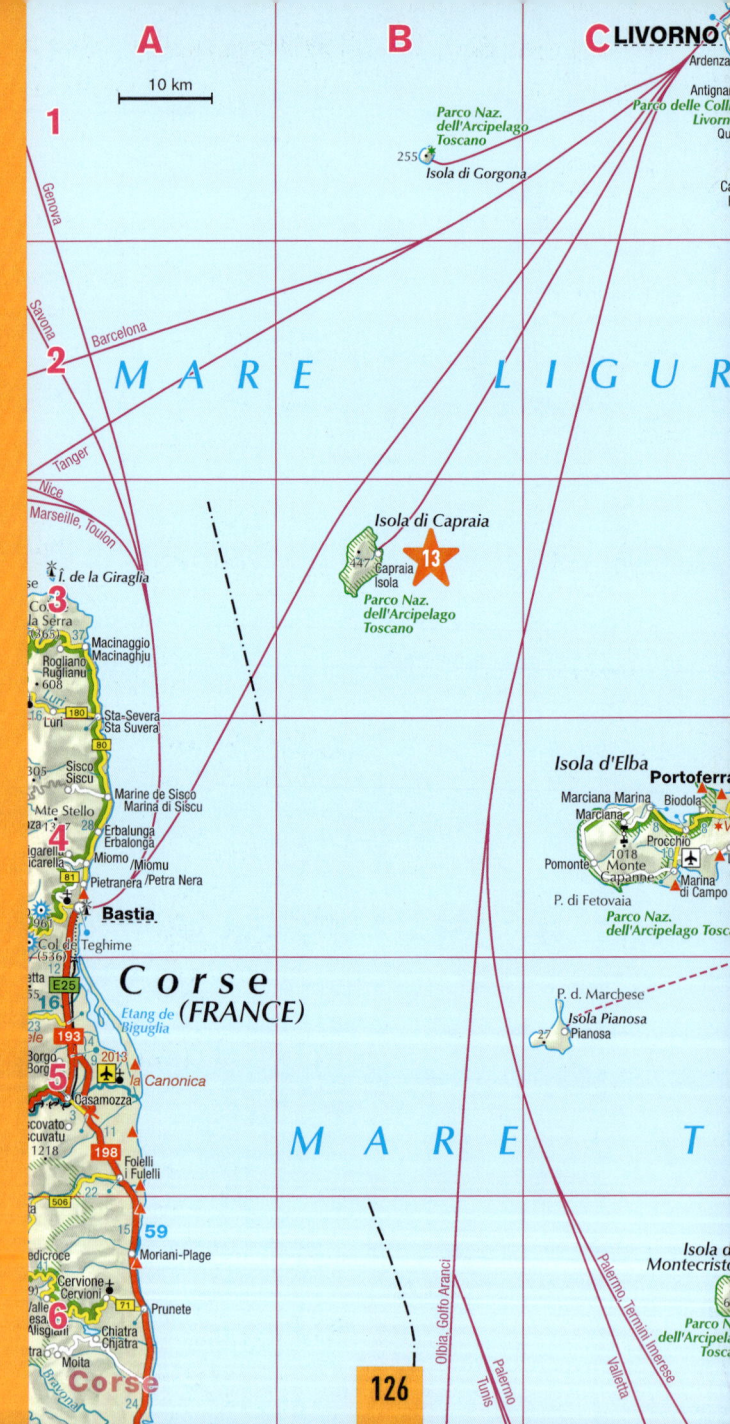

C LIVORNO

Ardenza

Antignan

Parco delle Colli
Livorne
Que

Ca
P

Parco Naz.
dell'Arcipelago
Toscano

255 ⭑

Isola di Gorgona

10 km

A   **B**

Genova

Savona

Barcelona

2 M A R E   L I G U R

Tanger

Nice

Marseille, Toulon

Î. de la Giraglia

3 Co
la Serra
365 37

Macinaggio
Macinaghju

Rogliano
Ruglianu
608

Isola di Capraia

447 Capraia
Isola

13 ⭐

Parco Naz.
dell'Arcipelago
Toscano

180 Luri

Sta-Severa
Sta Suvera

80

305 Sisco
Siscu

Marine de Sisco
Marina di Siscu

Mte Stello
za 13 28 Erbalunga
Erbalonga
Miomo /Miomu

Isola d'Elba

Marciana Marina **Portoferra**
Marciana Biodola

1018 Procchio
Pomonte Monte
Capanne
P. di Fetovaia Marina
di Campo

Parco Naz.
dell'Arcipelago Tosca

igarella
icarella 81 Pietranera /Petra Nera

Bastia

4

Col de Teghime
(-536)

16 E25

le 193

Etang de
Biguglia

C o r s e
(FRANCE)

P. d. Marchese

Isola Pianosa
27 Pianosa

Borgo 2013
Boro la Canonica

5 Casamozza

198

scovato
scuvatu
1218 Folelli
Fulelli

506

22

M A R E   T

15

59

Moriani-Plage

Cervione
Cervioni 71 Prunete

6 Chiatra
Chjatra

Moita

Isola d
Montecristo

Parco N
dell'Arcipel
Tosca

Corse

Olbia, Golfo Aranci

Palermo, Termini Imerese

Palermo
Tunis

Valletta

126

KARTENLEGENDE

Schnellstraße Clearway	Kirche Church
Hauptstraße Main road	Kapelle Chapel
Verbindungsstraße Communication road	Wegkreuz Roadside cross
Nebenstraßen Secondary road	Burg; Burgruine Castle; castle ruin
Fahrweg Track	Burgruine Castle ruin
Fußweg Footpath	Denkmal Monument
Wanderweg Hiking trail	Turm Tower
Flughafen Airport	Leuchtturm Lighthouse
Fährhafen Ferry harbour	Sendemast Aerial mast
Hafen Port	Berggipfel Mountain top
Windsurfen Windsurfing	Höhenpunkt Geodetic point
Aussichtspunkt Panoramic view	Höhle Cavern
Campingplatz Camp ground	Bergbau Mining
Reitsport Riding	Krankenhaus Hospital
Ausflüge und Touren Trips & Tours	Badestrand Beach
Perfekte Route Perfect route	Seilbahn Funicular

 MARCO POLO Highlight

ALLE **MARCO POLO** REISEFÜHRER

REGISTER

In diesem Register sind alle in diesem Reiseführer erwähnten Orte, Ausflugsziele, Strände sowie einige wichtige Persönlichkeiten verzeichnet. Gefettete Seitenzahlen verweisen auf den Haupteintrag.

SCHREIBEN SIE UNS!

SMS-Hotline: 0163 6 39 50 20

Egal, was Ihnen Tolles im Urlaub begegnet oder Ihnen auf der Seele brennt, lassen Sie es uns wissen! Ob Lob, Kritik oder Ihr ganz persönlicher Tipp – die MARCO POLO Redaktion freut sich auf Ihre Infos.

Wir setzen alles dran, Ihnen möglichst aktuelle Informationen mit auf die Reise zu geben. Dennoch schleichen sich manchmal Fehler ein – trotz gründ-

E-Mail: info@marcopolo.de

licher Recherche unserer Autoren/innen. Sie haben sicherlich Verständnis, dass der Verlag dafür keine Haftung übernehmen kann. Kontaktieren Sie uns per SMS, E-Mail oder Post!

MARCO POLO Redaktion
MAIRDUMONT
Postfach 31 51
73751 Ostfildern

IMPRESSUM

Titelbild: Pomonte, Huber/Luca Da Ros

Fotos: Birrificio Le Coti Nere (17 o.); W. Dieterich (28, 65); DuMont Bildarchiv: Gaasterland (55), Widmann (3 M., 76/77); F1 Online: Tips Images (84); R. Hackenberg (Klappe l., 21, 34, 38, 50, 59, 71, 94, 95, 104 o.); Huber: Huber (30 r., 67), Johanna Huber (Klappe r., 2 M. o., 3 u., 9, 86/87, 116/117), Luca Da Ros (1 o., 22), Rellini (81, 82/83), Giovanni Simeone (10/11); © istockphoto.com: Valentin Casarsa (16 M.), Peter Eckert (16 u.), Simone Becchetti (17 u.); G. Jung (20, 57, 73, 100/101, 104 u., 105); M. Kirchgessner (24/25, 100); C. Lachenmaier (2 M. u., 2 u., 3 o., 12/13, 18/19, 27, 28/29, 29, 32/33, 44, 46/47, 60/61, 62, 74, 92/93, 96/97); Look: Pompe (48); Mandel Diving Center Elba: Silke Mevius (16 o.); mauritius images: age (68), Alamy (4, 41, 43), Cubolmages (26 r., 78), Hubatka (15), ib (Kutter) (8, 37, 88), ib (Randebrock) (2 o., 5), ib (Wothe) (6), United Archives (7, 91); Picture-Alliance/ ASA: Cantini (101); C. Piuntek (1 u.); D. Renckhoff (26 l., 30 l., 52, 98)

9. Auflage 2014
Komplett überarbeitet und neu gestaltet
© MAIRDUMONT GmbH & Co. KG, Ostfildern
Chefredaktion: Marion Zorn
Autor: Rainer Stiller, Bearbeiter/in: Claudia Pluntek, Redaktion: Christina Sothmann
Verlagsredaktion: Ann-Katrin Kutzner, Nikolai Michaelis
Bildredaktion: Gabriele Forst
Im Trend: wunder media, München
Kartografie Reiseatlas und Faltkarte: DuMont Reisekartografie, Fürstenfeldbruck;
© MAIRDUMONT, Ostfildern
Innengestaltung: milchhof:atelier, Berlin; Titel, S. 1, Titel Faltkarte: factor product münchen
Sprachführer: in Zusammenarbeit mit Ernst Klett Sprachen GmbH, Stuttgart, Redaktion PONS Wörterbücher

Printed in Germany. Gedruckt auf 100% chlorfrei gebleichtem Papier

BLOSS NICHT ☝

Ein paar Dinge, die Sie auf Elba beachten sollten

MARKENFÄLSCHUNGEN UNTERSTÜTZEN

Überall werden Sie dazu verleitet, Prada-Taschen, Rolex-Uhren, Lacoste-Hemden oder Gucci-Brillen zu ermesslichen, wenn nicht sogar zu Spottpreisen auf der Straße zu erstehen. Doch Achtung: Der Kauf von Fälschungen wird streng kontrolliert und zieht eine gepfefferte Strafe nach sich – für Verkäufer und Käufer!

DIE GEFAHREN DES MEERS UNTERSCHÄTZEN

Vorsicht vor Unterwasserströmungen. Beachten Sie unbedingt Folgendes: Gehisste rote Fahne bedeutet absolutes Badeverbot, rote und gelbe Fahne: absolutes Badeverbot und (momentan) unbewachter Strand (also besonders gefährlich!), nur gelbe Flagge: unbewachter Strand, Baden auf eigene Gefahr. Bevor Sie einen Kopfsprung wagen, sollten Sie die Wassertiefe überprüfen – die Transparenz des Wassers hat schon manchen getäuscht.

DIE UMWELT BELASTEN

Die Umweltschutzorganisation *Elbambiente* bittet die Touristen:
– Immer das Licht auszumachen, wenn ein Raum verlassen wird.
– Wasser mit Verstand zu gebrauchen, es ist knapp.
– Abfälle nur in die dafür vorgesehenen Behälter zu werfen.
– Kein Feuer anzuzünden und keine Kippen wegzuwerfen. Auch kleinste Brände sofort dem *Corpo Forestale (Tel.*

05 65 91 50 67, 0 56 59 90 59) oder der Feuerwehr *(Tel. 0 56 59 34 61, 115)* melden.
– Sich mit Boot dem Strand nur bis auf 200 m mit laufendem Motor zu nähern und Anlegestellen durch die gekennzeichneten Korridore anzusteuern.
– Beim Tauchen Ihre genaue Position immer durch eine Boje an der Wasseroberfläche anzuzeigen.
Es ist strikt verboten, archäologische Objekte aus dem Wasser zu entfernen. Im Falle interessanter Funde müssen Taucher diese bei der Hafenkommandatur melden; die *Capitaneria di Porto* ist wochentags von 9 bis 12 Uhr unter *Tel. 05 65 91 40 00* erreichbar.

GEDANKENLOS EINHEITSKOST BESTELLEN

In größeren Ortschaften werden oft Touristenmenüs für weniger als 10 Euro angepriesen. Lassen Sie sich nicht darauf ein – im Allgemeinen wird schlechte Einheitskost serviert.

DIE VERKEHRSREGELN IGNORIEREN

Wenn noch vor einiger Zeit kaum ein in Italien ausgestellter Strafzettel bis nach Deutschland in Ihren Briefkasten gelangte, sieht die Sache heute anders aus: Teuer wird falsches Parken (ab 35 Euro), Rotlichtverstoß und 20 km/h zu schnell (ab 140 Euro), Alkohol am Steuer (ab 260 Euro), telefonieren ohne Freisprechanlage (ab 71 Euro), außerorts ohne Licht (35 Euro) und ohne Warnweste im Kofferraum (ab 35 Euro) fahren.